THE SEX OF LABOUR LAW IN EUROPE

LE SEXE DU DROIT DU TRAVAIL EN EUROPE

INSTITUT UNIVERSITAIRE EUROPÉEN
FLORENCE

Centre de recherche sur la culture européenne
Département de Sciences juridiques

Actes du Colloque « Le Sexe du droit du travail en Europe », organisé, sous la direction scientifique de Yota Kravaritou, par le Centre de recherche sur la culture européenne, dirigé par Heinz-Gerhard Haupt, en collaboration avec le département de Sciences juridiques, Institut universitaire européen, Villa Schifanoia, Florence, 27 et 28 novembre 1992

THE SEX OF LABOUR LAW IN EUROPE

LE SEXE DU DROIT DU TRAVAIL EN EUROPE

Edited by

YOTA KRAVARITOU
European University Institute,
Department of Law,
Florence, Italy

KLUWER LAW INTERNATIONAL
THE HAGUE / LONDON / BOSTON

A C.I.P. Catalogue record for this book is available from the Library of Congress.

ISBN 90-411-0259-0

Published by Kluwer Law International,
P.O. Box 85889, 2508 CN The Hague, The Netherlands.

Sold and distributed in the U.S.A. and Canada
by Kluwer Law International,
675 Massachusetts Avenue, Cambridge, MA 02139, U.S.A.

In all other countries, sold and distributed
by Kluwer Law International,
P.O. Box 85889, 2508 CN The Hague, The Netherlands.

Printed on acid-free paper

Printed in the Netherlands

La coordination éditoriale ainsi que la réalisation de l'ouvrage (maquette et mise en page) ont été assurées par Catherine Divry

Sommaire

Contents

Avant-propos

Ce livre réunit les contributions au séminaire organisé par le Centre de recherche sur la culture européenne et le département des Sciences juridiques de l'Institut universitaire européen de Florence les 27 et 28 novembre 1992 sur le « Sexe du droit du travail ».

L'objectif du séminaire était de traiter de la structure unilatéralement sexuée du droit du travail et de sa cécité devant la condition sociale des femmes dans les pays de la Communauté européenne, de critiquer une conception formelle de l'égalité — encore présente au niveau communautaire —, qui perpétue le modèle androcentrique, et d'envisager les possibilités éventuelles d'une sexuation équitable du droit du travail.

Les femmes qui ont présenté leurs travaux dans ce séminaire proviennent des pays européens et appartiennent à diverses écoles de pensée. Certes, uniquement des scientifiques appartenant au sexe féminin : les facteurs « subjectivité » et « expérience vécue » de la méthodologie féminine-féministe y obligent bien ; surtout quand nos collègues du sexe masculin, même s'ils s'intéressent à cette question, ce qui est souvent le cas, ne sont pas encore tous familiarisés avec la problématique ni avec l'importante production en la matière. L'échange de vues et les débats pendant les travaux du séminaire étaient passionnants et de grande envergure, grâce aussi à la participation d'Olwen Hufton et de Brian Bercusson,

Y. Kravaritou (ed.), The Sex of Labour Law in Europe, 11–12.

respectivement professeur d'histoire et de droit du travail à l'Institut universitaire européen, auxquels s'adressent mes remerciements.

Les langues utilisées pendant ce séminaire étaient l'anglais et le français qui sont les deux langues de travail de l'Institut universitaire européen de Florence. Des dix langues officielles de l'Union européenne, nous avons maintenu ces deux langues pour cette publication considérant que la langue est véhicule de cultures et de valeurs, que la traduction est peut-être parfois trahison, mais surtout que l'emploi, dans une université européenne, de plusieurs langues européennes est l'une des conditions de la construction de notre Europe multiculturelle.

La contribution de Sandra Brière, Catherine Divry, Kathinka España et Sally Sheldon à l'organisation du séminaire et à la préparation de ce volume a été précieuse. Qu'elles soient ici remerciées.

Yota Kravaritou
Florence, octobre 1994

Chapitre I

Le Sexe du droit du travail

ou de la norme masculine déterminante

par Yota Kravaritou

Στο Δασκαιο,
Gérard Lyon-Caen

Y. Kravaritou (ed.), The Sex of Labour Law in Europe, 13–29.

Un grand nombre de juristes seraient étonnés, voire indignés, si l'on affirmait que, vers le milieu des années quatre-vingt-dix, malgré toutes les réformes et les nouvelles lois fort influencées d'ailleurs par le droit — et les politiques — de l'Union européenne, le sexe du droit du travail dans les États membres est masculin. Cela veut dire que la norme qui l'imprègne et le détermine est calquée sur la vie, les intérêts et les valeurs des hommes et, par conséquent, les femmes comme catégorie sociale, leurs propres « valeurs », leur « corps », leurs pratiques sociales ne sont pas pris en considération par les règles et la logique de cette discipline juridique, si jeune d'ailleurs, progressive, dynamique et qui, il y a encore peu de temps, semblait promettre une humanisation des conditions de travail. Il y a eu, certes, une prolifération des lois en faveur de l'égalité dans les pays membres : égalité quant à la rémunération, quant à la formation professionnelle, aux conditions du travail, à l'embauche, à la carrière, aux pensions, et ainsi de suite. Or, le contenu et la logique que l'on a assignés à cet objectif égalitaire sont que les femmes doivent rattraper les hommes, devenir égales à ceux-ci, s'assimiler aux travailleurs appartenant au sexe mâle, se faire valoir en disparaissant derrière ce modèle pour accéder au statut égalitaire.

S'il est vrai que dorénavant la loi reconnaît l'égalité entre les sexes, au moins dans les pays membres de l'Union européenne, en interdisant le salaire inégal pour le même travail — comme cela était le cas et la pratique des conventions collectives, partout, il y a encore quelques décennies —, qu'elle punit les discriminations même indirectes, qu'elle ne songe plus, comme au siècle passé ou même au début de ce siècle, à interdire aux femmes d'accéder aux syndicats, de faire la grève ou d'être élues dans les représentations syndicales, ne serait-il pas plus juste de dire que ce n'est pas le droit du travail qui est « masculin » ? Le droit du travail est en effet devenu neutre et objectif ; c'est plutôt son application qui est sexiste. Ne serait-ce pas plutôt simplement une question de patience et d'insistance, de prise de mesures adéquates pour que les règles juridiques en vigueur soient appliquées ? Ne serait-ce pas la réalité sociale, ses héritages, la crise économique qui favorisent l'inégalité, l'injustice donc contre les femmes, plutôt que les règles du droit du travail lequel, si sensible aux luttes sociales, ne fait qu'incorporer et refléter les luttes des femmes depuis les glorieuses années soixante-dix en faveur de l'égalité ?

Pour aller au fond des choses et démontrer la sexuation inégale profonde et persistante du droit du travail, il ne suffirait certes pas de rappeler ce qui est actuellement un lieu commun pour les théories féministes du droit — la *« feminist jurisprudence »* [1], qui s'est développée davantage outre-Atlantique que sur notre continent mais se base sur un gisement scientifique plus européen — à savoir que le droit, dans son ensemble, est un cas exemplaire de paradigme mâle, construit et interprété depuis bien longtemps par la communauté scientifique composée des êtres humains appartenant au sexe masculin et en absence totale de ceux appartenant à l'autre sexe [2] lequel, à cause de cette absence sans aucun doute, « n'en est pas un ». Sans certes contester le caractère patriarcal du droit, il faut dire que celui-ci est un phénomène plus compliqué qu'une « construction masculine » et reflète d'ailleurs aussi des résistances, luttes et rapports de force. Ce n'est peut-être pas un hasard si dans certaines formations sociales économiquement évoluées qui n'affrontent pas les guerres, famines ou dictatures — l'Union européenne, le Canada ou les États-Unis, par exemple — l'une des questions quotidiennement à l'ordre du jour a trait au statut juridique des femmes, aux

1 *Cf.*, à titre d'exemple, Catherine MACKINNON, *Feminism Unmodified: Discourses on Life and Law,* Cambridge: Harvard University Press (1987);— Ngaire NAFFINE, *Law and Sexes, Explorations in Feminist Jurisprudence,* London: Unwin Hyman (1990).

2 Suivant la théorie de Thomas S. KUHN, *The Structure of Scientific Revolutions,* 2e édition [1re éd., 1970], Chicago: Chicago University Press (1982) et sa traduction française, *La structure des révolutions scientifiques,* Paris: Flammarion (1983).

règles, aux silences juridiques qui façonnent leur vie et articulent l'existence de problèmes jusqu'alors invisibles.

Sur le terrain du droit du travail, les mécanismes subtils d'exclusion qu'il contient deviennent de plus en plus visibles et empêchent la réalisation de son objectif majeur: l'égalité des hommes et des femmes salariés.

Dire simplement que le droit du travail est de sexe masculin serait par trop simpliste et superficiel. Il faudrait voir d'un peu plus près quelle image ou quelles images dérivent de son attitude à l'égard des hommes et des femmes salariés, ce qu'il « pense » de leur corps, de leur travail, de leur emploi du temps. Comment au fond les façonne-t-il, quelles sont la vérité et la « réalité », ses vues de près et de loin, prises (comme avec un appareil photographique) par un œil et un appareil qui ne confondent pas l'universel avec le mâle ou avec le neutre ?

1. L'image d'un droit du travail neutre est fausse

Une première image à écarter est, certes, celle d'un droit du travail neutre, objectif et au-dessus des différences des sexes, image considérée comme acquise notamment après les métamorphoses des dernières décennies dans les pays de la Communauté européenne, grâce aussi aux directives concernant l'égalité de salaire et des conditions de travail entre les hommes et les femmes. Cette prise de vue est faite avec un vieil appareil, c'est-à-dire selon une vieille méthode qui ne prend pas en considération les nouveaux concepts et analyses élaborés au sein des études féminines-féministes au cours des deux dernières décennies.

Le sexe du droit du travail n'est donc pas devenu neutre même si la majorité de ses règles apparaissent à l'heure actuelle comme asexuées, car elles s'appliquent indifféremment tant aux hommes salariés qu'aux femmes salariées sans faire de distinction ou de discrimination en fonction du sexe — comme c'était le cas il y a quelques décennies. Certes, le droit du travail contient toujours quelques règles exceptionnelles « en faveur » des femmes, celles dites *de protection,* destinées à protéger en priorité la maternité lorsque celle-ci se présente. Il s'agit de règles qui ne favorisent bien entendu en rien les femmes salariées ; elles leur permettent tout simplement d'accomplir leur œuvre de reproduction — qui obéit à des lois naturelles que les lois du travail salarié ne seraient pas en mesure de méconnaître — avant de rentrer sur les lieux de production. Il y a aussi d'autres règles de protection, actuellement réduites au minimum, interdisant aux jeunes d'être employés à certains travaux dangereux, et ainsi de suite. Comme ce type de protection, destiné théoriquement à protéger la santé des femmes en tant que reproductrices futures et donc à préserver leurs corps maternels de maux divers, s'était avéré un des mécanismes fondamentaux d'exclusion des femmes des emplois les mieux payés et les plus intéressants à plusieurs points de vue — s'agissant donc d'une mesure de protection d'emploi en faveur des hommes —, on l'a réduit au strict minimum. On le sait, la Communauté européenne est pionnière dans cette « promotion » du droit du travail en faveur de l'égalité entre les hommes et les femmes : elle s'est obstinée tout dernièrement à abolir l'interdiction du travail de nuit pour les salariées. Or, comme la question de la législation protectrice du travail fut une question fort débattue par les femmes et leurs organisations féministes, par ailleurs bien divisées quant aux positions à soutenir depuis le début de ce siècle et surtout entre les deux guerres — on connaît la thèse proposant l'*extension* de la protection relative à la santé et de l'interdiction du travail de nuit aux hommes —, on ne peut qu'être soupçonneux : à qui profite cette réduction extrême, cette minimalisation de la protection ? Les règles de la concurrence ne pèseraient-elles pas davantage dans cette politique que le principe sacré d'égalité ? Les orientations données au droit du travail au niveau communautaire, qui non seulement influencent les États membres, mais sont transposées dans ceux-ci, ne favoriseraient-elles pas les intérêts économiques au détriment des considérations sociales dont l'équilibre était l'un des soucis du droit du travail en Europe lorsque celui-ci fit son apparition ? L'equilibre entre économique et social ne s'est-il pas plutôt trouvé être le cœur, le fondement et l'origine du droit du travail, en dépit des préjugés que cette époque nourrissait à l'égard des femmes ? Le fond du problème — outre la question de l'économie unilatérale de ces dispositions — est là : quel est le *sujet salarié sexué* qui se cache derrière ces politiques et règles égalitaires, à quelle réalité sexuée correspond-il, celle des hommes ou bien celle des femmes ?

2. *La norme mâle : le moule de cette discipline est le « corps » masculin*

La soi-disant neutralité du droit du travail se dissipe quand on souligne le contraste entre ses règles et la réalité des corps sexués : sa norme masculine éclate au grand jour sous le nouveau regard qui le guette et l'observe de très près. Ce procédé d'ailleurs scientifique qui veut tâter la condition des corps sur les lieux de travail n'est pas nouveau et cette dimension sociologique dans le travail juridique s'inscrit dans la tradition — représentant l'un des titres d'originalité et en même temps de noblesse du droit du travail. Or, le paramètre sexué de la condition spécifique de la femme salariée dans la totalité de son existence lui a échappé — les raisons historiques expliqueront les causes de cet aveuglement. Somme toute, si l'image des règles neutres pour les deux sexes, avec quelques exceptions en faveur des femmes, n'est pas vraie, quels sont les *facta,* les indices, les preuves ou les analyses qui démontrent la « masculinité » du droit du travail ?

Primo, le droit du travail construit, par l'ensemble de ses règles et depuis ses débuts, un modèle de travailleur calqué sur la vie masculine, c'est-à-dire sur les activités d'un individu dont le temps est avant tout destiné au travail. Cette personne est censée n'avoir d'obligations qu'à l'égard de son employeur. Ce prototype de travailleur n'a pas d'enfants à mettre au monde et il n'a pas non plus d'obligations familiales. Il ne dispose peut-être pas non plus du temps suffisant pour s'occuper de lui-même, mais cela est déjà partiellement une question d'un autre ordre : partiellement seulement quant à son auto-réalisation parce que, tout au mois en ce qui concerne ses autres besoins matériels, ce travailleur a besoin de quelqu'un — le prolétaire du prolétaire disait-on jadis —, habituellement une femme et notamment sa femme. Certes, cet état de choses est connu depuis bien longtemps ; nous voulons simplement insister ici sur cette « matrice » masculine — et non pas bisexuée — des règles du droit du travail.

Cela devient encore plus évident, *secondo,* par la constatation selon laquelle le droit du travail, quand il s'occupe des femmes salariées — et il s'en est occupé depuis son origine jusqu'à nos jours —, ne les traite pas en tant qu'égales des hommes salariés en considérant qu'elles ont un corps différent — dans le sens biologique du terme —, pourtant tout aussi important pour le travail salarié que le corps masculin. Celui-ci, soit ignore cette différence, soit, quand il ne peut pas l'ignorer, la considère comme une éclipse provisoire et, au fond, comme une condition infériorisante. En d'autres termes, la *représentation du corps* que se fait le droit du travail et sur lequel il est « bâti » est, à part quelques exceptions, bien limitées, le corps masculin.

Or, il s'agit là d'une règle générale qui a valu pour toutes les sciences. Le corps modèle, la mesure qui détermine les règles est — déjà depuis Aristote — celui de l'homme mâle. On dirait que, d'une certaine façon, le corps des femmes est traité par le droit du travail comme identique (le corps est unisexe) mais inférieur : cela a été exactement le cas, et pendant plusieurs siècles, dans des sciences aussi exactes que la médecin, suivant l'étude de Thomas Laqueur : *La fabrique du sexe*[3]. On pourrait dire, en exagérant peut-être un peu, que si la science de la médecine de notre époque reconnaît qu'il y a deux sexes, deux corps, dont chacun a sa propre anatomie, sa propre physiologie, son propre système hormonal, sans que l'un soit inférieur à l'autre, ce n'est pas encore le cas du droit du travail. Celui-ci ne prend pas en considération le fait que le corps des femmes est différent avant tout par sa capacité à reproduire et qu'il doit être pris en considération comme tel, comme ayant la potentialité d'être *« a pregnant body »,* le corps qui reproduit et qui,

---

3 Thomas LAQUEUR, *Making Sex: Bodies and Gender from the Greeks to Freud,* Cambridge: Harvard University Press (1990) et sa traduction française, *La fabrique du sexe. Essai sur le corps et le genre en Occident,* Paris: Gallimard (1992).

dans ce sens, devrait constituer un des deux pôles sur lesquels développer le droit du travail : le corps phallique d'une part, suivant l'expression de Zillah Eisenstein, celui des hommes, le corps enceint de l'autre, celui des femmes[4]. Ce n'est certes pas par biologisme ou référence à la nature qu'on souligne cette différence, c'est pour faire voir celle-ci en tant que potentialité, réservée à l'un des deux sexes, au droit du travail, lequel en outre ignore ses conséquences sociales. Et en les ignorant il ne les fait pas disparaître. Il ignore donc l'expérience sociale corporelle des femmes dans les sociétés industrielles dans lesquelles nous vivons, expérience corporelle certes contextualisée et historiquement déterminée et qui amène les femmes à avoir, notamment dans certaines périodes de leur vie — quand elles s'occupent, par exemple, de leurs enfants en bas âge —, un emploi du temps très différent. Au demeurant, elles peuvent avoir cet emploi différent, même si elles n'ont pas d'enfant ou de parents à soigner, tout simplement à cause de leur socialisation différente, du fait qu'elles sont nées femmes.

3. *Une réalité juridique qui ne correspond pas à la réalité (sexuée sociale)*

Si l'on compare le droit du travail avec les pratiques sociales, le mode de vie et la culture des deux sexes, on constate qu'il s'est inspiré du mode d'être d'un des deux sexes. Il est en ce sens sexué de façon unidimensionnelle, si l'on peut s'exprimer ainsi : il impose à l'autre sexe, à savoir aux femmes salariées, son schéma, son moule. Il s'agit d'un schéma écrasant pour la condition féminine. La *réalité juridique* est donc la suivante quant à la sexuation de la réglementation du travail salarié : le droit du travail adopte des règles communes tant pour les uns que pour les autres, tout en ayant « annexé » à son corps certaines règles exceptionnelles et protectrices concernant les

4 *Cf.* Zillah EISENSTEIN, *The Female Body and the Law*, University of California Press (1988).

femmes. Quant aux femmes salariées, le droit du travail est donc caractérisé par l'antinomie — nous dirions plutôt la schizophrénie — suivante : il les considère comme des corps neutres qui pendant de brèves périodes d'éclipse ont cependant un corps féminin, avant de refermer la parenthèse. Par une métamorphose instantanée, elles redeviennent, pour la réglementation du travail salarié, des corps masculins et rentrent dans la norme prescrite par le droit du travail, considéré comme « universelle ».

La *réalité non juridique* est par contre la suivante : *les femmes sont des corps sexués,* à savoir culturellement, socialement — le *fully gender subject,* en anglais ou *corpo sessuato,* en italien — *dès le début déjà et jusqu'à la fin de leur vie professionnelle.* Les femmes salariées ne sont pas androgynes, les agricultrices ou d'autres catégories professionnelles non plus. Elles ont des corps socialement construits — le droit y concourt par le moyen d'autres disciplines telles que le droit de la famille, ayant une série d'obligations — et aussi des besoins — différents de celles des hommes salariés depuis déjà le début de leur carrière. Du fait de leur socialisation différente, de l'importance par exemple de « liens d'amour » que la psychanalyse peut bien expliquer[5] — savoir s'il faut justifier, exalter ou critiquer ces liens de dépendance est une autre question —, les femmes ont des obligations et/ou des besoins depuis le début de leur carrière, c'est-à-dire à partir du moment où elles sont embauchées, au cours de leur carrière et lorsqu'elles revendiquent une promotion, quand elles font grève, quand elles font du syndicalisme (on se rappellera des revendications des femmes italiennes pour que les assemblées syndicales se tiennent pendant la journée de travail, et non pas au terme de celle-ci, afin de pouvoir y participer elles aussi), quand elles sont licenciées, quand elles mènent des négociations collectives (ce qui est plutôt rare), et ainsi de suite. Les femmes salariées ne sont pas un *« corpo sessuato »* si ce n'est au

5 *Cf.* Jessica BENJAMIN, *The Binds of Love, Psychanalysis, Feminism and the Problem of Dominations,* New York: Pantheon Books (1988) ; — aussi Carol GILLIGAN, *In a Different Voice: Psychological Theory and Women's Development,* Cambridge: Harvard University Press (1982) et sa traduction française, *Une si grande différence,* Paris: Flammarion (1986).

moment de l'accouchement où elles sont supposées avoir des raisons pour justifier une « protection sociale » — quelle serait la non-protection dans ce cas, ou la protection non « spéciale », peut-on se demander — accordée par des dispositions exceptionnelles du droit du travail : or, rien de moins exceptionnel — et « commun » à tous et toutes — que l'acte d'accouchement.

Il y aurait peut-être lieu de parler ici d'une sexuation effective *inégale, hiérarchique,* discriminatoire du droit du travail. Dans la constitution de son cadre normatif, le sujet collectif sexué « femmes salariées » est placé tout entier dans une position subalterne. Cette position n'est pas due au fait que les femmes ont un corps différent — tous les corps ne peuvent pas être du même sexe, ou de la même couleur, etc. — mais au fait que *cette différence n'est pas située au même niveau d'égalité que l'autre corps* — le phallique — tout en reconnaissant ses particularités (les particularités du « corps enceint » pourraient même être considérées comme des « plus », mais on rejette ce type de comparaison antagoniste qui créerait séparatisme et hiérarchie à l'envers — ce que l'on veut faire disparaître — et nuirait à l'universalisme vrai — par alignement sur le mâle — de l'être humain). Or, la place globalement inférieure des femmes en matière de droit du travail ne fait que refléter la distinction — que les Lumières ont philosophiquement et juridiquement fort institutionnalisée — entre sphère publique et sphère privée[6]; et, sur la base de cette distinction, la prédestination — par les règles, les mentalités, les institutions — de la femme à la reproduction et à la famille, en fonction des caractéristiques biologiques et psychologiques réelles ou imaginaires.

---

6 Carol PATEMAN, *The Sexual Contract,* Cambridge: Polity Press (1988) ; — *cf.* aussi Adriana CAVARERO, « Equality and Sexual Difference: Amnesia in Political Thought », in Gisela BOCK et Susan JAMES (eds.), *Beyond Equality and Difference,* London/New York: Routledge (1992) p. 32-47.

4. *Au nom de l'égalité : règles d'assimilation et de « masculinisation »*

Si la description de l'image que donne le sexe du droit du travail est beaucoup plus compliquée et nuancée que ne le veut la phrase : « il n'est certes pas neutre mais bien masculin », le drame actuel de cette discipline juridique — mais ce serait plutôt le drame des femmes salariées, dans le sens le plus large incluant aussi celles qui occupent de nouvelles formes d'emploi — est qu'au nom de l'égalité il se « masculinise » de plus en plus. En effet, par des références célèbres engendrées et promues au niveau communautaire, on veut imposer aux femmes salariées des règles à *contenu androcentrique* sur toute la ligne. L'hétérogénéité des deux sexes est ignorée. L'hétérogénéité dans ses dimensions sociétales et culturelles enrichissantes est ignorée : pour abattre la différence hiérarchisée, il faut, nous dit-on, suivre obligatoirement une seule voie, celle de l'égalité-assimilation. C'est-à-dire la voie de la masculinisation pure.

Il est vrai que l'égalité-assimilation fut une des premières revendications des femmes et des mouvements féministes dès l'époque de Wollstonecraft et que cette idée fut à la base du courant — ou école — le plus puissant de la pensée juridique féministe depuis déjà deux siècles et jusqu'à tout récemment. Rappelons le débat sur les *« equal rights »* dans les pays anglo-saxons. Ce courant et celui d'*égalité-différence* persiste d'ailleurs encore sur le Continent ou dans les écoles juridiques qui utilisent toujours les méthodes traditionnelles et n'ont pas subi l'influence des *« Women's Studies »,* ce qui est beaucoup moins le cas dans les pays anglo-saxons.

Il est vrai que, pendant longtemps, les femmes — et leurs organisations — avaient revendiqué à « corps » et à cri, avec une riche argumentation philosophique et juridique, l'égalité-assimilation, afin justement d'éviter la prison de la différence infériorisante. Il est vrai que nous avions admis que nous étions de la même substance que les hommes et tout à fait semblables à eux. Qu'être enceinte et accoucher n'était rien du tout, une sorte de petite maladie de quelques semaines. Il y avait d'ailleurs des femmes et des organisations féministes qui s'étaient déclarées opposées aux congés de maternité et à leur consécration juridique (pays scandinaves et États-Unis). Nous avons dû nier notre sexe — notre condition et tradition féminines qui ne contiennent pas seulement des choses négatives — pour nous émanciper et accéder à l'égalité. Or, malgré cette « trahison » du sexe auquel nous appartenons, le désir de l'égalité n'a pas été exaucé. La question de l'égalité a des connotations plus profondes, elle ne peut pas se réduire au seul gynécocentrisme, bien qu'il passe par le *topos* des femmes. Le principe de l'égalité entre les hommes et les femmes — tout comme son contenu concret et sa réalisation — est lié à l'organisation de la société et concerne directement sa reproduction et aussi d'autres groupes humains tels que les enfants. Il est clair qu'on utilise le terme enfants non pas dans le contexte de la famille, mais plutôt dans celui de la reproduction du genre humain : plusieurs dispositions du droit du travail censées concerner le travail féminin sont plutôt destinées à protéger la reproduction. *Primo,* on ne fait pas la distinction entre femmes et enfants, *secondo,* cela ne concerne qu'une période bien délimitée : avant que l'enfant naisse et peu de temps après sa naissance. Le droit du travail ne s'occupe pas des problèmes qui s'ensuivent : il feint aussi d'ignorer ces dimensions de la reproduction du genre humain. Elles ne le concernent pas, elles ne sont pas de sa compétence, il s'agit là de questions privées ou personnelles : il incombe aux familles, c'est-à-dire aux femmes qui ont « voulu » leurs enfants et en ont la responsabilité, de résoudre ces questions. Le travail salarié des femmes est une chose, les enfants en sont une autre. En sont-ils vraiment une autre ?

Il aura fallu le développement de la recherche scientifique au sein des études féminines-féministes, conséquence directe du mouvement féministe des années soixante-dix et leurs propres approches méthodologiques basées notamment sur la multidisciplinarité, l'autoconscience, l'expérience propre, pour que soient révélés cette amnésie, cette hypocrisie ou tout simplement cet oubli du droit du travail relatif à l'existence des enfants et au droit à l'autonomie des femmes par rapport à leur travail.

5. *Découverte de notre subjectivité et de la non-objectivité du droit du travail par rapport aux sexes*

Il aura fallu en effet, pour plusieurs d'entre nous, la découverte de notre *propre subjectivité* en tant que juristes du travail et en même temps êtres sexués, pour qu'on puisse commencer à découvrir la *non-objectivité* du droit du travail par rapport aux deux sexes. En effet, son sexisme et son *phallologocentrisme* étaient tout aussi invisibles pour nous que l'existence des deux corps, à savoir des deux sujets collectifs sexués si différents. Considérant le droit du travail comme une jeune dynamique juridique, « fruit naturel » de l'époque industrielle qui, loin d'offrir une protection suffisante et unilatérale aux travailleurs, ne faisait qu'assurer une exploitation contrôlée de la classe ouvrière, notre horizon en matière d'égalité entre hommes et femmes dans le travail salarié était par trop étroit. Au demeurant, l'égalité entre les deux sexes ne constituait pas une priorité. L'important à cette époque était le fait que le droit du travail, tout en « légalisant » la classe ouvrière dans des rapports certes de subordination et « juridifiant » dans ce sens les relations du travail, présentait quelques caractéristiques qui fascinaient : il incorporait, tout d'abord, les résultats des luttes des travailleurs sur les lieux de travail, mais aussi en dehors de ceux-ci. Plus que cela : il s'occupait de la condition juridique de la classe ouvrière, à laquelle était attribué un projet libérateur pour l'humanité tout entière. L'égalité entre les deux sexes ne figurant pas parmi ses préoccupations majeures, celle-ci serait résolue avec le changement social radical. Dans la représentation de cette classe — l'image n'est pas très nette —, le corps féminin n'était certainement pas à l'avant-poste de son ordonnancement : il était là, mais à l'arrière-garde, avec les infirmières, les secrétaires, les intérimaires et d'autres métiers féminins, jamais des métiers de pointe ou fer de lance du monde du travail.

C'est donc grâce à l'expérience acquise au sein des études féminines-féministes qu'on a pu constater que notre discipline préférée ne faisait que refléter — et en même temps structurer et bâtir — le contrôle exercé par le droit en général et les structures patriarcales de nos sociétés sur la sexualité des femmes et tout ce qui concerne sa capacité de reproduction, l'autodétermination de son corps, l'évaluation de son travail. Il aurait suffi alors d'une lecture critique des premières lois européennes sur l'ensemble des femmes, qui constituaient en même temps les premiers textes du droit du travail, pour constater comment la loi construit inégalement et fait de la femme l'« autre », la complémentaire, la travailleuse invisible ; comment elle fait s'effacer la femme salariée derrière la morale (contrôle de sa sexualité), derrière la famille (encore une fois : contrôle de sa sexualité), derrière la race et la nation ; comment la loi en général et la législation du travail en particulier, évoquant la nature et la physiologie de l'organisme féminin, lui accordent un statut inférieur en considérant que son corps est censé être « utilisé » à d'autres fins que celles du travail salarié, que sa vraie place est dans la famille, la vie privée et la reproduction, ce qui d'ailleurs n'a jamais été le cas : de nombreuses femmes ont toujours travaillé dans l'industrie. Ces règles n'expriment qu'une politique à l'égard des femmes. En bref, la norme masculine qui imprègne le droit du travail se manifeste par le fait que le corps des femmes ne constitue pas une référence centrale des structures et du raisonnement du droit du travail, et le temps des femmes — si différent de celui des hommes [7] — leur langue [8], leur socio-culture féminine n'ont pas pu entrer en ligne de compte lors de la constitution du droit du travail comme discipline. Au fond, toujours cet « autre »

7 *Cf.* Julia KRISTEVA, « Le temps des femmes », *Cahiers de recherche des Sciences des textes et documents,* n° 5 (1979) p. 5-19, et sa traduction anglaise, « Women's Time, Signs », *Journal of Women in Culture and Society,* vol. 7, n° 1, p. 13-35 et aussi le propos d'une juriste (Michelle BORDEAUX, « Le discours juridique : analyse et méthodes », *Langages* [mars 1979]) selon laquelle :

> Le temps dans la loi peut donc se lire comme doublement, spécialement masculin (quantitatif, linéaire, continu, conservateur, prévisionnel, intégral) ... repère le champ différent et contrasté du yin qualitatif ? morcelé ? imprévu ? et dépensier.

8 L'exemple le plus typique et le plus cité est celui de la grossesse, considérée comme une maladie empêchant les femmes de travailler. Comme les hommes n'ont pas cette expérience, ils ont dû adapter ce phénomène à la langue masculine de la loi.

droit du travail comme discipline. Au fond, toujours cet « autre » qu'est la femme est ignoré dans l'intégralité de son existence par le droit du travail.

Toute la question est donc là : comment peut-on « obliger » le droit du travail à prendre sérieusement les femmes en compte ? Comment peut-il prendre en considération ce sujet collectif sexué — en n'ignorant pas un élément si important de son identité —, faire sauter ses mécanismes d'exclusion, sexuer ses règles positivement, en se basant sur des fondements égalitaires ?

Le sexe de notre science n'est pas encore suffisamment étudié dans le cadre des études féministes, il en est autrement dans d'autres disciplines telles que l'histoire, l'anthropologie ou la philosophie. S'il existe un très grand nombre de travaux dans les pays anglophones avancés, la rigueur juridique à l'européenne leur fait le plus souvent défaut. Il s'agit notamment d'importants travaux de « déconstruction » et de démolition basés sur des considérations et des critiques d'ordre philosophique, sociologique, psychanalytique. C'est très souvent la critique globale, bien utile, qui aide à voir clair et incite à revisiter les concepts et les mécanismes juridiques. Partant de là, nous avons besoin d'affiner nos outils, de construire nos méthodes d'analyse et nos concepts.

6. *Quel avenir en Europe ?*

L'enceinte communautaire dans laquelle s'interpénètrent nos pays se prête bien à l'avancement de nos recherches. L'égalité entre hommes et femmes est un droit fondamental de la constitution de la Communauté européenne dont les organes mènent une politique en faveur de l'emploi des femmes ; sa conception du droit du travail — grâce à la tradition, à la culture juridique des États membres et à la contribution immense de la Cour de Luxembourg — est assez différente de celle qui prévaut aux États-Unis ou au Japon. Elle est sans doute plus près de la personne et de la personnalité du travailleur — mais pas encore de la personnalité de la femme en tant qu'être sexué.

Il est vrai que depuis que des études féministes se sont développées, à savoir pendant les vingt dernières années, le droit du travail a subi de son côté des métamorphoses profondes. Loin de disparaître — par l'affaiblissement ou l'autodafé — il se développe et s'adapte sans cesse en intéressant un plus grand nombre de travailleurs et de travailleuses, en réglementant les nouvelles formes d'emplois occupés en majorité par des femmes, en trouvant de nouvelles modalités d'exercice du droit de grève et de nouvelles expressions relatives au niveau et au contenu de l'activité contractuelle, inimaginables il y a vingt ans.

Est-ce que sa tendance profonde, celle notamment de la législation promue au niveau communautaire qui détermine et guide les évolutions dans tous les États membres, est vraiment un simple retour au masculin par rapport à l'optique féminine-féministe ?

Est-ce qu'il caractérise le souci de rentabilité économique et de la concurrence (androcentrisme) en faisant fi non seulement du social mais des besoins et des sentiments des travailleurs, du temps de la famille classique ou recomposée, du temps des écoles et des enfants ? Est-ce qu'il favorise les horaires de travail longs et intensifs pour un nombre de salarié(e)s tandis qu'un autre nombre considérable périt au chômage, au lieu de répartir les tâches et de partager l'emploi ? Si tel est le cas, nous devrions répéter la phrase que le philosophe Simone Weil adresse aux femmes : *« Don't believe you have any rights » — as female human beings* [« Ne croyez pas avoir des droits » — en tant que femmes].

Ajoutons que les femmes commencent, elles aussi, à apprendre les techniques de cette magie sociale qu'est le droit, exercé jusqu'à nos jours seulement par ceux ayant le corps phallique : à deux peut-être pourraient-ils mieux réussir à répartir en justice les *droits* et le *travail.* Mais ce serait sans doute la tâche la plus difficile à accomplir par le droit du travail.

Chapitre II

La Construction socio-sexuée du droit du travail en Belgique

par Éliane Vogel-Polsky

Y. Kravaritou (ed.), The Sex of Labour Law in Europe, 31–51.

Ce séminaire s'adresse à une audience déjà avertie. Cela permettra d'économiser des démonstrations générales et de concentrer l'analyse critique sur les deux pôles du questionnement en droit du travail, lorsqu'il s'agit des travailleuses.

Faut-il opter pour l'accentuation de la différence et tenter d'élaborer un droit spécifique : ***le pôle de la reconnaissance de l'identité sexuelle des travailleurs et des travailleuses?*** Ou bien faut-il œuvrer pour l'unification, l'universalité des normes et des règles : ***le pôle de l'égalité formelle?***

J'ai donc choisi de livrer une reconstruction critique de deux questions significatives et symboliques du droit du travail :

1. — la question du protectionnisme spécifique dans le domaine de la réglementation du travail, donc de l'intervention normative du législateur dans les rapports privés de travail, en l'illustrant par un stéréotype : la protection du travail des enfants et des femmes ;
2. — la question de l'universalisme des droits fondamentaux économiques et sociaux, en l'occurrence le droit au travail et le droit de grève (en Belgique la liberté de grève découle de la liberté syndicale) qui se situe dans la sphère contemporaine du droit du travail : le droit collectif du travail.

Dans le premier cas, je traite d'un problème remontant aux origines du droit du travail. Dans le second cas, il s'agit de rapports sociaux de sexe dans le droit du travail, à la fin du XXe siècle.

1. *La protection spécifique du travail des femmes*

Le droit du travail, nous le savons, n'est apparu que tardivement après la révolution industrielle. Ceci est particulièrement vrai pour la Belgique qui a pourtant été le premier pays industrialisé de l'Europe continentale (en même temps que la Grande-Bretagne), bien avant la France, l'Italie ou l'Allemagne.

La loi du 13 décembre 1889 sur le travail des femmes et des enfants est considérée unanimement par les spécialistes comme l'acte fondateur mythique du droit du travail belge. De 1830 — date de l'indépendance de la Belgique — à 1889, il a fallu près de soixante ans pour que le Parlement belge — censitaire — accepte de briser le principe sacro-saint du libéralisme : celui de non-interventionnisme, de l'abstention totale du législateur dans le domaine des relations de travail considérées comme relevant de la sphère privée, celle-ci devant assurer tout à la fois le respect du droit de propriété et de la liberté d'entreprise des employeurs ; le respect de l'autonomie de la volonté du travailleur réputé libre et majeur, libre de louer sa force de travail ; le respect, enfin, du chef de famille, lui donnant ainsi autorité et liberté de décider de l'engagement au travail de son épouse et de ses enfants mineurs. Les historiens économiques et sociaux de la Belgique s'accordent pour affirmer que la solide résistance idéologique du Parlement à entrer dans un processus d'intervention en droit du travail aurait été vaincue par les émeutes et les révoltes de 1886 dont la violence inouïe surprit à la fois les gouvernants et les chefs de file des partis politiques. La question sociale révélée par les émeutes du printemps 1886 expliquerait le mouvement législatif qui s'empara du Parlement belge. Il est vrai qu'une *Commission du Travail* fut instituée le 15 avril 1886 dont les résultats provoquèrent des débats parlementaires passionnés. Tant à droite qu'à gauche, certains ténors politiques vont adoucir leur intransigeance et se déclarent disposés à cautionner certaines dispositions normatives *visant à restreindre les abus constatés* à l'encontre de la classe ouvrière. Et c'est dans ce relatif consensus produit par l'enquête de 1886 que l'on assiste, durant une brève période de quelques années, à *une véritable rupture.* Un train de mesures législatives urgentes se prépare dont on remarque que, le plus souvent, elles auront une portée limitée par de nombreuses exceptions et dérogations et qu'elles ont pour objet les abus, mais non le déroulement ordinaire de la relation de travail et des conditions de travail. Il s'agit de subvenir aux besoins des plus démunis (protection du salaire) ; ou de tenter de développer, en créant des Conseils d'industrie, des relations sociales fondées sur la conciliation. Cependant, ce *consensus est rompu* dès que sont proposées des normes qui se voudraient *un tant soit peu interventionnistes.* La loi du 13 décembre 1889, dite du travail des femmes et des enfants, l'illustre clairement. Sa discussion donna lieu à une exacerbation des conflits idéologiques et à un repli sur des positions plus traditionnelles par ceux-là mêmes qui en avaient donné l'impulsion. La discussion de la loi souleva des questions de tous ordres : questions de théorie économique pour les tenants du non-interventionnisme ; de type moralisateur, s'agissant du travail des femmes et des enfants ; de type idéologique et constitutionnel à propos du jour de repos hebdomadaire (le dimanche ou un autre jour), ce dernier point relançant violemment l'opposition entre les cléricaux et les anticléricaux.

Venons-en à la question du travail des femmes et des filles. Depuis 1846, des propositions avaient été faites au Parlement et toujours systématiquement repoussées au nom du libéralisme économique. Un dossier sociologique important existait, nourri notamment par la très fameuse enquête de 1845 sur le travail et la condition physique et morale des ouvriers occupés dans les manufactures de coton à Gand et par d'autres enquêtes sur l'industrie linière ou sur les charbonnages. La Commission du Travail avait fait des propositions pour le travail des femmes, mais il apparaît d'emblée que si, pour certains abus dénoncés, les propositions étaient complètes et précises, pour le travail des femmes et des enfants, elles furent minimalistes : *interdiction absolue du travail dans les mines* aux femmes et aux filles ; *idem, pour le travail de nuit ;* âge d'admission à *douze ans.* Ces dispositions s'expliquent par la volonté des commissaires de 1886 de mettre davantage l'accent sur la moralisation et la protection plutôt que sur l'émancipation des femmes.

Un exemple : la *question du congé postnatal.* La commission l'examine minutieusement, compare les diverses solutions en vigueur à l'étranger et conclut à *l'impossibilité de régler cette question* par voie législative, car ce serait interférer de manière intolérable dans la sphère privée du travail.

Un projet de loi déposé en 1887 reprend les trois mesures préconisées en matière de travail de nuit par la Commission. Mais le champ d'application de la loi se limite aux mines, carrières, manufactures, fabriques, usines, chantiers et ateliers. Sont exclus du champ d'application le travail commercial, domestique, agricole et à domicile, les petits ateliers, les entreprises familiales, soit la partie la plus importante des travailleuses.

Cette restriction de l'effectivité de la « protection » est très révélatrice de la mentalité et de la méthode. Un principe est énoncé, mais est assorti d'importantes restrictions. « C'est de l'interventionnisme *sous haute surveillance*[1]. »

Le projet de loi va pourtant se rétrécir comme une peau de chagrin. Les restrictions à la règle énoncée se multiplient. Le débat devient explosif lorsqu'il s'agit de décider de la possibilité de réglementer le travail des femmes majeures, adultes.

Les libéraux refusent toute réglementation différenciée pour les hommes et les femmes au nom de *l'égalité entre les hommes et les femmes.*

Sous cette affirmation philosophique, on peut difficilement cacher la pression des industriels qui révèlent clairement les enjeux socio-économiques que provoquerait l'élimination de la main-d'œuvre féminine à bon marché.

L'historienne Éliane Gubin a remarquablement montré qu'au cours du XIXe siècle le patronat avait très vite compris les avantages qu'il

---

1 NANDRIN, « À la recherche d'un acte fondateur mythique. La loi du 13 décembre 1889 sur le travail des femmes et des enfants », in L. POURTOIS, F. ROSART et J. PIROTTE (sous la direction de), *Femmes des années 80. Un siècle de condition féminine en Belgique (1889-1989)*, Louvain-la-Neuve: Academia (1989) p. 11-16.

pouvait retirer de cette situation, puisqu'une partie du travail dévolu aux hommes pouvait être exécutée à moindre prix par des femmes et des enfants. Le recours massif à cette main-d'œuvre a permis de soutenir la concurrence au moment où triomphait le libre-échange. On lit dans le rapport de 1846 précité sur l'industrialisation du coton à Gand que l'on observe « une tendance évidente à remplacer les hommes par des femmes dans le but de payer moins cher la main-d'œuvre ».

Mais si la *praxis* économique est celle-là, on a observé également, dans les analyses et les discours de l'époque, une très forte inquiétude provoquée par le renversement des rôles et des valeurs du travail. D'emblée, la participation des femmes à l'industrialisation est perçue en termes de transgression et, à ce titre, ne peut qu'être suspecte. D'une part, la loi du profit et de la rentabilité des entreprises exige le travail de la femme, mais cette loi se heurte violemment au code strict des valeurs bourgeoises qui se met en place et développe un discours normatif sur la femme, la nature féminine, la faiblesse du sexe, etc. Largement confortée par la littérature scientifique et médicale, la femme, épouse et mère, est créditée de qualités innées qui la destinent exclusivement aux joies du ménage et aux tâches de la maternité, rôles qu'elle est censée exercer en vertu de sa nature biologique spécifique. Cette idée s'implante dans toutes les couches sociales. Et c'est ainsi que dans les rangs conservateurs, la révolution industrielle est présentée comme une sorte de malédiction, de perversion sociale qui, arrachant femmes et enfants au foyer, démoralise la population ouvrière tout entière.

Au Parlement donc, les catholiques défendront le principe de la protection du travail de la femme, mineure bien entendu.

Si le rapporteur de la section centrale défend, lui, avec fougue, la protection du travail de la femme adulte, il ne sera pas suivi. Il invoque pourtant la condition juridique de la femme en ces termes :

> Elle n'est ni représentée ni consultée, elle n'est ni éligible ni électrice. Elle subit donc une infériorité juridique. Or, quand un sujet de droit se trouve dans un état d'infériorité légale, la protection légale est le corrélatif obligé de cette infériorité. ... Cette protection est d'autant plus nécessaire dans le travail, dans la

conclusion et l'exécution du contrat de travail, que la prétendue liberté de la femme n'est trop souvent qu'une amère dérision.

Mais la majorité catholique refuse cette argumentation et propose de limiter la protection des femmes jusqu'à l'âge de vingt et un ans.

Pour *la question du congé postnatal,* l'utilité n'en est pas vraiment contestée — non pas dans le souci de la protection de la femme, mais de celle de l'enfant. Cependant, c'est à la charité privée et aux caisses de secours qu'est renvoyée l'indemnisation durant la suspension du contrat.

La loi est donc adoptée en 1889. Elle ne comporte aucune mesure pour le travail de la femme adulte, à l'exception du congé postnatal. L'interdiction du travail de nuit, le repos hebdomadaire, la défense d'accès aux mines ne touchent que les filles mineures jusqu'à vingt et un ans.

De quelle protection s'agit-il donc ?

Reconstruisons la question en termes de rapports sociaux de sexe. On a vu que les débats ont été dominés par l'idéologie de la femme au foyer et de sa vocation maternelle. Ce stéréotype brouille toutes les cartes : le travail de la femme est toujours considéré comme accessoire, un *travail d'appoint* ne méritant qu'un salaire d'appoint. Pourtant, les historiens qui ont étudié le niveau de vie en Belgique au XIXe siècle à partir des budgets des familles ouvrières ont bien montré que le salaire de la femme constitue un élément indispensable pour la survie familiale. Ce n'est donc pas un travail d'appoint.

Second élément important.

On sait que la vision du XIXe s'ordonne comme si la femme trouvait toujours sa subsistance et sa raison d'être dans la famille, tant le modèle de l'épouse et de la mère est intériorisé. Voyons les chiffres d'état civil. Ils montrent que *le mariage n'est pas l'état dominant.* En 1846, la population belge se compose de :

— 65 % de célibataires hommes et 62 % de célibataires femmes ;
— 4 % de veufs et 7 % de veuves.

Si l'on n'envisage que la population *à partir de dix-huit ans :*

— les hommes non mariés et veufs forment 50,1 % ;
— les femmes non mariées et veuves forment 51,5 %.

Cela montre que dans une société qui considère l'état matrimonial comme la norme, beaucoup de femmes sont hors norme et qu'un nombre non négligeable d'entre elles doivent vivre assurément de leur travail.

Mais s'agissant du travail féminin, le discours se charge de subjectivité et suscite au moins deux idées reçues et acceptées par le droit du travail.

La première est que *la place naturelle de la femme est au foyer.* Les critiques du capitalisme industriel, tant du côté conservateur que socialiste, l'observation des premières réactions d'un prolétariat en voie d'organisation dans les années 1880 se greffent sur cette idée, l'amplifient jusqu'à voir dans le travail industriel des femmes et l'abandon du foyer ouvrier qui en résulte *une des racines de la question sociale*[2]. Or les recherches actuelles montrent que ce schéma répondait à une projection idéologique et morale plus qu'à la réalité économique. Les femmes ont toujours travaillé professionnellement dans l'économie des siècles précédents et, au XIXe siècle, elles ont continué à le faire.

D'où vient alors cette assimilation entre travail féminin et Révolution industrielle ?

Ce ne sont pas des inactives que les manufactures et l'industrie ont débauché de leurs foyers, il y a eu *déplacement de main-d'œuvre.* La polarisation sur le travail industriel des femmes vient

2 GUBIN, « Femmes et travail. 150 ans de mutations », *Bulletin de la Fondation André Renard,* n° 196-199 (mars-juin 1991) p. 5-26.

d'une profonde inquiétude : c'est qu'il remet en cause des valeurs séculaires du travail masculin. Avec la mécanisation, la supériorité musculaire masculine est brusquement reléguée.

La deuxième de ces idées héritée du siècle dernier par le droit du travail et l'organisation du travail est la stricte connotation *des activités en « féminines » et « masculines »*. Le XIXe siècle a frappé de déviance toutes les activités industrielles non conformes. Dans la construction socio-sexuée des rôles, des espaces et des catégories, il a départagé le travail des femmes en « bonnes » activités et en activités « amorales ».

Puisque la réalité économique rendait illusoire le retour des femmes au foyer, il était du moins souhaitable que les valeurs essentielles du code moral fussent respectées, celles-ci exigeant :

a) une stricte séparation des sexes ;

b) des occupations en accord avec leurs qualités respectives.

D'où la ségrégation professionnelle qui subsiste encore largement de nos jours, malgré l'égalité juridique et l'égalité des chances et de traitement.

Posons-nous la question : si l'on avait vraiment voulu accorder une protection spécifique au travail des femmes, fallait-il se cantonner au travail industriel ?

En dépit de l'imaginaire collectif du XIXe siècle, l'ouvrière d'industrie est minoritaire parmi les femmes qui travaillent. Certes, le textile, les filatures et les charbonnages ont représenté la pointe de l'iceberg du travail féminin. Mais l'essentiel des activités féminines est concentré dans l'artisanat, le travail à façon, les réseaux d'industrie à domicile, les petits ateliers, le petit commerce, les services domestiques, l'agriculture. Partout, on y observe des conditions de travail pénibles, une durée importante des prestations et des salaires très bas. Les conditions déplorables du travail féminin dans l'industrie et les charbonnages ont fait couler beaucoup d'encre, mais on connaît fort mal les conditions de travail de la majorité des travailleuses de la petite entreprise ou à domicile. *Les maladies professionnelles* y sont légion, provoquées par les composantes nocives des matières utilisées : le plomb dans la céramique, le mercure dans la chapellerie, les teintures à base d'arsenic chez les fleuristes, la céruse pour les dentellières, etc.[3]

Pour les ouvrières *payées à la pièce,* le souci d'assurer un salaire suffisant les entraîne à travailler de treize à quinze heures par jour. Ducpétiaux n'a pas hésité à dénoncer en 1855 l'industrie dentellière comme *plus meurtrière pour les femmes* que les charbonnages (1855). Mais le *travail à domicile,* lui, n'interpelle aucun bienfaiteur ou observateur social. Le travail à domicile maintient la femme au foyer, il ne sera jamais remis en cause. Au contraire, à la fin du siècle, il sera largement proposé en exemple pour remoraliser la famille ouvrière.

Le commerce n'offre guère de meilleures conditions.

L'étude de chaque métier féminin, de chaque profession montre un travail fatigant, long, mal payé, en total désaccord avec le discours sur la faiblesse du sexe.

La loi de 1889 a été adoptée dans un moment où l'économie belge entre dans une phase de sévère récession : chômage accru, misère importante, dégradation des salaires. Dans les années qui vont suivre, au cours d'une seconde vague législative, produite notamment sous la pression des mouvements sociaux, on verra apparaître peu à peu des dispositions spécifiques au travail de la femme adulte, mais elles sont ponctuelles et ne révèlent pas de projet. Des travaux historiques récents permettent d'affirmer que sous le couvert de la protection, on a voulu limiter le travail des femmes mineures et majeures, de manière à contracter l'offre de travail, réduire la main-d'œuvre potentielle au nom de valeurs familiales et morales.

Entre les deux guerres, lors de la grande crise, un phénomène comparable sera observé : la valeur de la femme au foyer revient en force.

---

3 *Cahiers féministes* (1902) p. 5, cités par GUBIN, *supra,* note 2, p. 9 ; — *Les cahiers de la fonderie* (revue d'histoire sociale et industrielle de la région bruxelloise), n° 15 (décembre 1993) *Tailleurs et couturières.*

Une véritable campagne de dissuasion de travailler va se propager. Elle deviendra une offensive en règle avec l'Arrêté royal de 1934 qui présente le nécessaire retour au foyer des femmes mariées comme une mesure de régulation du chômage masculin.

Dans le cadre de pouvoirs spéciaux, une série de mesures discriminatoires frappant le travail de la femme mariée sont proposées. L'Arrêté royal de décembre 1934 autorise le ministre du Travail à :

> Contingenter dans chaque branche d'industrie le pourcentage de femmes mariées ou non mariées en vue du remplacement éventuel des excédents par des chômeurs involontaires.

Tant la loi de 1889 que cette mesure font apparaître et inaugurent un mode de régulation du marché du travail complètement construit sur des rapports sociaux de sexe.

Aujourd'hui, l'égalité juridique formelle partout reconnue ne doit pas occulter que le développement du temps partiel pour les femmes s'inscrit encore sur la même construction sociale.

2. *La construction sexuée des pratiques de travail*

Si nous faisions un grand bond en avant ! Nous sommes à la fin du XXe siècle. L'évolution remarquable du droit du travail s'est réalisée en donnant au travail productif humain sa dignité et sa reconnaissance sociales. Certes, le droit du travail n'est pas un code idéal de justice sociale, mais il tend à réaliser un compromis entre les intérêts légitimes, les revendications des travailleurs et les exigences d'une économie fondée sur l'entreprise privée et le profit.

Depuis la Seconde Guerre mondiale, le droit social s'est diversifié dans ses sources normatives : il puise ses racines dans des normes légales d'origine étatique ; dans l'autonomie contractuelle des parties individuelles et dans la négociation collective (productrice de normes collectives négociées). Cette élaboration, interdépendante et complémentaire, se produit selon les grands principes du droit social international, du droit social européen communautaire (CEE) et non communautaire (Conseil de l'Europe). L'importance des normes négociées entre le patronat et les syndicats (censés représenter les intérêts de l'ensemble des travailleurs/euses et d'en assurer la défense) constitue un facteur essentiel de progrès. Les lieux de la prise de décision sociale dans l'entreprise sont institutionnalisés : les représentants syndicaux élus par les travailleurs siègent dans les conseils d'entreprise, les délégations syndicales, les comités de sécurité et d'hygiène ; et au niveau de la branche professionnelle du secteur d'activité, dans des commissions paritaires. Le droit du travail vise tous les travailleurs sans discrimination liée au sexe. Sous l'influence du droit social communautaire et international, il va développer des législations spécifiques destinées à réaliser l'égalité des rémunérations entre travailleurs masculins et féminins ; l'égalité de traitement dans les conditions d'accès à la formation et à la profession, dans les conditions de travail proprement dites et dans la sécurité sociale. La dernière décennie a même permis l'expérimentation de stratégies de rééquilibrage et d'élimination des conséquences négatives des discriminations sexuelles du passé, par l'adoption de programmes d'action positive en faveur des femmes. ***Une vision purement légistique et textuelle du droit du travail pourrait amener à la conclusion que la construction du droit du travail demeure sexuée, mais en faveur des femmes !*** Cependant il n'en est rien. L'efficacité et la faisabilité des normes dites d'égalité entre les sexes sont d'une faiblesse insigne. La ségrégation professionnelle des femmes domine véritablement le monde du travail. Les disparités salariales entre les sexes demeurent importantes et inquiétantes. Les femmes se trouvent en majorité écrasante dans les formes de travail précaire, en particulier dans le travail à temps partiel. Où se situent donc les facteurs et les causes du dysfonctionnement de l'égalité ? D'où vient le fait que les femmes conservent ce statut stigmatisé et marginalisé dans un système juridique égalitaire qui ne parvient pas à détruire le sexisme ordinaire de la société dans laquelle il est établi ? Un cas peut nous servir de test exemplaire : celui de la grève des ouvrières de Bekaert-Cockerill survenue à l'automne de 1982[4].

Le contexte

Bekaert-Cockerill, qui appartient pour moitié au groupe Bekaert, multinationale d'origine belge employant douze mille salarié(e)s — dont les trois quarts en Belgique — et pour moitié à Cockerill-Sambre, groupe sidérurgique à capital d'État majoritaire, est composé de deux usines, l'une à Hemixem, dans les Flandres, l'autre à Fontaine l'Évêque, dans la région de Charleroi.

Or, depuis une dizaine d'années, le patronat a mis en œuvre une politique de transfert des activités de son usine wallonne vers son usine flamande, qui est aussi le siège social de l'entreprise[5].

Le résultat en est que l'usine de Fontaine l'Évêque — où se déroulera le conflit — a vu, en l'espace de dix ans, fondre ses effectifs salariés de neuf cents (dont deux cents femmes) en 1973 à trois cent vingt en 1982. Il ne reste plus alors qu'une trentaine de femmes.

L'usine comporte une majorité écrasante d'hommes : ils sont deux cent quarante-deux au moment du déclenchement de la grève, tandis que les femmes sont trente et une, concentrées dans le secteur encollage et emballage des clous (division D) où les salaires sont inférieurs.

Là, les conditions de travail rappellent, par certains aspects, celles du début du siècle :

> On travaillait dans beaucoup de bruit, on ne s'entendait pas ... on communiquait par gestes. Et puis, en hiver, il faisait très froid et en été très chaud. On travaillait en plus en manipu-

---

4 *Cf.* LOUIS, « La lutte des femmes de Bekaert-Cockerill » et VOGEL-POLSKY, « Lecture juridique de deux conflits », *Les Cahiers du Grif,* n° 2 (septembre 1983), *La mise à nu,* totalement consacré aux grèves des femmes, respectivement p. 9-78 et 125-148.

5 Ce transfert va dans le sens du déséquilibre économique croissant entre la Wallonie et la Flandre, en faveur de cette dernière.

> lant des produits toxiques. Quand on a rouspété à la sécurité-hygiène, ils se sont contentés d'enlever l'étiquette des boîtes! C'était fini! On n'a plus vu ce que c'était, c'était ça la solution! Et puis, on avait énormément de mal, parce qu'on soulevait beaucoup de poids, une tonne, une tonne et demie par jour ... des paquets de quatorze à trente-cinq kilos, bref, c'était un travail dur, fatigant, sale, bruyant et ça sentait mauvais.

Les femmes étaient victimes d'une triple discrimination:

1.—pas de possibilité de promotion;

2.—pas de prise en considération de leur forte productivité (pourtant lorsque les treize femmes seront licenciées à la fin du conflit, elles devront être remplacées par vingt-trois hommes!);

3.—depuis deux ans, les femmes étaient contraintes de balayer et de nettoyer l'usine par roulement d'une semaine, la direction ne voulant pas remplacer une nettoyeuse qui était malade.

Les faits

En avril 1982, la direction de l'usine annonce qu'il sera procédé au licenciement de soixante-quinze employés et que le plan global de restructuration comportera, outre la réduction de la durée hebdomadaire du travail à trente-six heures avec perte correspondante de salaire, l'introduction du travail en quatre équipes dans certains ateliers, le passage en préretraite de travailleurs âgés et *le mi-temps obligatoire pour les femmes.*

Une grève est déclenchée par les deux syndicats représentés dans l'usine à laquelle participent tous les travailleurs et travailleuses. La grève se poursuit pendant neuf semaines. Devant l'échec des négociations au sein de l'entreprise, la commission paritaire régionale réunit son bureau de conciliation dans une séance à laquelle participent la direction de l'usine et les représentants syndicaux. La direction propose un compromis qui permet de réduire le nombre de licenciements projetés en mettant obligatoirement vingt-huit femmes à mi-temps, à savoir toutes les ouvrières de l'usine non-chefs de famille. Les deux syndicats discutent sur la réduction du temps de travail à trente-six heures avec baisse de salaire (pour les hommes), mais acceptent le régime de prestations à temps partiel imposé aux femmes non-chefs de famille. La négociation débouche sur un accord signé par les parties avec la caution du président du bureau de conciliation, qui est un fonctionnaire ayant la qualité de conciliateur social. Or, le conciliateur social présidant la négociation de cet accord d'entreprise est un représentant du ministère du Travail, chargé de rapprocher lors du renouvellement des conventions collectives, la position des parties (patronale et syndicale)[6]. Son intervention directe dans le conflit, puisque c'est à son initiative que cette proposition, dite de conciliation, fut rédigée, pose le problème de la responsabilité de l'État dans le règlement du conflit.

La mise autoritaire des femmes à un emploi à temps partiel violait la loi belge à un double titre :

—la direction allait à l'encontre de la législation sur le temps partiel, puisque celui-ci ne peut être imposé ;

—cette mesure n'était appliquée qu'aux femmes et représentait une nouvelle infraction à la loi sur l'égalité de traitement entre hommes et femmes.

En cautionnant un accord d'entreprise qui violait délibérément la loi, le conciliateur social prenait une lourde responsabilité : en effet, il conférait une crédibilité apparente à des dispositions qui étaient en réalité frappées de nullité parce que contraires aux dispositions impératives de la loi[7]; d'autre part, il créait un précédent d'envergure ; c'est l'idée même d'un État de droit qui était remise en cause.

Tout s'est passé comme si le patronat et le gouvernement avaient agi de concert pour sacrifier les femmes sur l'autel de la nécessité économique. Ils auraient alors utilisé l'entreprise Bekaert (où l'État est actionnaire à 50 %) comme *laboratoire social,* sachant qu'y étaient probablement réunies les plus grandes chances de réussite

---

6 De plus :

> Les conciliateurs sociaux exerçant leurs fonctions auprès du ministère de l'Emploi et du Travail surveillent l'exécution de la loi et de ses arrêtés d'exécution dans tous les lieux, établissements et installations. (art. 1 de l'Arrêté royal du 27 novembre 1978).

7 Art. 9, loi du 5 décembre 1958 sur les commissions paritaires et les conventions collectives de travail.

(faible nombre de femmes, connivence avec une délégation syndicale exclusivement masculine, réputée machiste et peu combative, menace crédible de fermeture d'entreprise).

La convention discriminatoire du 15 octobre 1982

Le 15 octobre, une convention reprenant les divers points fut signée entre la direction de Bekaert et les organisations syndicales représentant le personnel ouvrier. L'alinéa 1[4] précisait notamment : « Toutes les femmes non-chefs de ménage assureront des prestations sous contrat de travail à temps partiel. »

Or, les femmes concernées sont catégoriques : les délégués syndicaux, depuis longtemps au courant des mesures concernant la proposition patronale sur le temps partiel, connaissaient aussi *leur refus sans réserve.*

Si la dimension sexiste et discriminatoire n'est que progressivement apparue dans toute sa clarté (« On a mieux compris dans la lutte ce qu'on avait refusé », dit l'une d'elles), le refus était cependant catégorique chez vingt-huit femmes, d'autant plus que, la convention n'étant valable que pour un an, elles risquaient fort de se retrouver « quand même à la porte, dans un an, avec un mi-temps sur les bras... »

Or, en passant d'un contrat à durée indéterminée à temps plein à un contrat à mi-temps valable pour la durée de la convention, les femmes perdaient les avantages sociaux liés à leur ancienneté.

La démocratie au service des hommes

L'affaire n'était pas close ; il s'agissait dorénavant de faire accepter cette convention par le collectif ouvrier et par les femmes concernées. Il restait donc à entériner par un vote « démocratique » la convention à la base. Le 18 octobre eut lieu, en assemblée générale, le vote. La délégation syndicale demanda la reprise du travail sur un accord dont les principes généraux furent formulés verbalement. La convention ne fut même pas lue et le vote se fit dans des conditions de secret relatif :

> On remplissait son bulletin sous l'œil des délégués et brigadiers qui le dépliaient avant de le glisser dans l'urne et on a compté avec la majorité ceux qui ont refusé de voter.

Sur deux cent vingt-six présents, il y eut soixante « non » (dont ceux de toutes les femmes), quarante refus de vote, tandis que cent vingt hommes décidèrent de la reprise du travail et donc de la fin de la grève.

Ici, les règles de la démocratie fondées sur le principe de la suprématie de la loi majoritaire reproduisent et cautionnent tout à la fois l'injustice et la domination. Car l'enjeu réel du vote n'était pas seulement celui de l'affrontement des intérêts d'une majorité et d'une minorité, mais aussi et surtout celui de la domination d'un sexe sur l'autre. C'est ainsi qu'une majorité d'hommes décidèrent — en toute démocratie — du sort d'une minorité de femmes sacrifiées.

Le 19 et le 20 octobre, « la mort dans l'âme », les ouvrières, avec leurs collègues masculins, doivent reprendre le travail et entériner par là même la décision de mise au travail à temps partiel.

La grève des femmes : le mi-temps refusé

Alors même que tout semblait rentrer dans l'ordre :

— la grève de neuf semaines était terminée ;

— la convention imposant le temps partiel était signée ;

— la solidarité ouvrière était brisée ;

de nouveaux rebondissements bouleversent un scénario qui n'avait pas prévu l'action des femmes. Celles-ci, vaincues, isolées, sans soutien syndical, vont entrer dans la lutte de manière autonome.

> Brusquement, nous avons réalisé que les commandes ne manquaient pas dans notre division ... que c'était dans les ateliers masculins que le travail se faisait rare. C'était donc pour céder

nos machines à des hommes qu'on nous forçait à abandonner la moitié de notre travail et de notre salaire.

Elles apprennent de la direction qu'elles ne pourraient — pour les treize d'entre elles qui préféraient partir plutôt que d'accepter le mi-temps — bénéficier de la prime de 75 000 francs prévue dans la convention pour les départs volontaires. L'article 2[1][a] de la convention du 15 octobre précisait en effet que : « l'acceptation de ces demandes est du ressort de la direction en fonction de la nécessité de la bonne marche des services ».

Elles sont donc alors doublement discriminées en tant que femmes, puisqu'à la fois on leur impose le temps partiel et, en même temps, on les empêche de bénéficier des « avantages » du départ « volontaire » auquel elles sont acculées parce que femmes. « Dans la convention, c'était pour tous », dit l'une d'elles, « mais en parole, c'était pas pour les femmes : treize femmes, ça coûtait trop cher. »

Plus encore, la direction leur précise que, même dans l'hypothèse où une équipe entière de femmes partirait volontairement, l'autre équipe resterait quand même au temps partiel.

Les femmes partent en grève, mais *seules.* Leur grève paralyse le travail dans certains ateliers. Les syndicats font pression sur les femmes pour qu'elles reprennent le travail. Elles refusent, mais n'étant pas élues ni représentées dans la négociation locale, elles portent le problème au niveau national de leurs organisations. Elles seront soutenues par les déléguées nationales des commissions féminines. Ce soutien ne leur est pas d'un grand secours. La direction en accord avec les délégués syndicaux de l'usine décide de licencier treize ouvrières !

La rupture est consommée. Une action en justice sera intentée par les treize licenciées, fondée sur la loi de Réorientation économique dont le Titre V prévoit l'interdiction des discriminations en raison du sexe survenues tant dans les conditions de travail et d'emploi qu'à l'occasion du licenciement.

Elles gagneront en partie leur procès, ce qui signifie qu'elles auront droit au paiement d'une indemnité de rupture complémentaire sanctionnant la discrimination subie. Toutefois, le droit belge ignore la réintégration pour des litiges de cette nature, et leur sort demeurera le même : perte définitive de l'emploi et chômage de longue durée en perspective.

Le cas illustre de manière criante l'inefficacité, les limites et les déficits concrets d'une législation formellement égalitaire, appliquée aux hommes et aux femmes en tant que sujets abstraits.

3. Conclusion

Toute l'armature des rapports collectifs du travail, à la fois dans ses institutions (le conseil d'entreprise, la délégation syndicale, le bureau de conciliation de la commission paritaire) et dans son fonctionnement est entièrement dominée par des rapports sociaux de sexe assurant la domination de fait des intérêts masculins et la prise en considération des modèles de société androcentriste.

Ce cas montre comment, à aucun moment, les ouvrières de Bekaert-Cockerill n'ont pu être des « acteurs sociaux » à part entière.

S'agissant des négociations internes du conflit entre la délégation syndicale et les représentants du patronat, la mission de la délégation syndicale, qui est de défendre les intérêts de l'ensemble des travailleurs, a été déviée. La délégation syndicale entièrement composée de représentants masculins s'est battue pour sauver les emplois masculins et a trouvé « normaux » les sacrifices imposés aux femmes ouvrières parce que femmes : l'idéologie sous-jacente à la notion de « femme non-chef de ménage » est très clairement la même que celle que nous avons rencontrée en 1889 et en dit long sur la conception du salaire féminin en tant que salaire d'appoint.

S'agissant de délibérations et accords intervenus au bureau de conciliation de la commission paritaire, sous la responsabilité d'un fonctionnaire du ministère de l'Emploi et du Travail, les femmes n'ont pu jouer aucun rôle. Il est remarquable de noter qu'en Belgique où la pratique de la concertation sociale, institutionnalisée dans les commissions paritaires, est extrêmement développée, la représentation des femmes qui constituent plus de 40 % de la population salariée totale est la suivante :

Sur un total de 5 756 mandats détenus, au sein des commissions paritaires, par les représentants des travailleurs, seuls 385 mandats sont détenus par des femmes !

Cette présence particulièrement limitée des femmes au sein des commissions paritaires est d'autant plus préjudiciable que ces commissions ont des missions extrêmement importantes dont la conclusion des conventions collectives de travail, c'est-à-dire dans la fixation des conditions de travail y compris les salaires et que les conflits collectifs sont négociés devant leurs bureaux de conciliation.

Quand les femmes font la grève avec les hommes pendant neuf semaines, elles assument pleinement leurs responsabilités syndicales et affirment leur solidarité dans le monde du travail.

Quand les femmes partent seules en grève pour s'insurger contre les discriminations sexistes qui les visent, la solidarité des travailleurs ne joue plus. Bien plus, on les accusera de ne pas s'incliner devant une convention « démocratiquement acceptée par la majorité » .

La liberté syndicale, le droit à la négociation collective, le droit à la représentation dans les organes de participation de l'entreprise, le droit à une juste application des législations du travail, le droit de grève sont garantis aux travailleurs masculins et féminins, également et à part entière. Mais dans les faits... ?

Le cadre légal et institutionnel des relations professionnelles ne permet pas de venir à bout des rapports sociaux de sexe qui traversent la société et la culture et qui se trouvent avec force dans la vie économique et sociale.

Chapter III

The Gender Dimension in German Labour Law: Time Revisited

by Kirsten Scheiwe

Y. Kravaritou (ed.), The Sex of Labour Law in Europe, 53–87.

In order to disentangle this complex issue, I suggest that one can distinguish basically two mechanisms *within* law that bring about its gender dimension: gender specific entitlements and gender-neutral norms that have gendered effects. Arguably, the latter are more important. Most forms of direct discrimination based on sex have been abolished, while gender-neutral provisions which may cause indirect discrimination have moved to the centre of the legal debate. At this level of analysis, I will look at normative models of gender within legal norms. However, their gendered effects may be a result not simply of the legal provisions, but of the *interplay* between gender-neutral legal rules and societal practices, such as the existing gendered division of labour. To understand how labour law rules bring about gendered outcomes, one has to view them in their legal and social context. This entails investigating their interaction with other subsystems of law (family law, social security law, tax law and others) and looking at empirical investigations and other arguments which have their origins in the social sciences and economics. Since this is a challenging task for feminist lawyers, I decided to pick out a limited set of legal rules to explore in this way: those involved in time regulation.

My choice is to start with labour law rules that regulate time directly, or where the time factor plays a role for access to rights or for the calculation of benefits. Time is obviously not a legal concept, although it plays an important role in German labour law. It is a social concept, and it can be used as a unit of measurement and comparison. Taking time as a starting point allows me to look at the role which it plays both within law and 'outside law' in societal processes; and further to look at time investments within paid and unpaid work. From a gender perspective this is a significant advantage, since it allows fragmented spheres and different types of work to be compared.

The analytical potential is important to analyse the gender dimension of labour law which is centred around waged work and excludes unpaid work in the family from its coverage.

As is well known, it is a fact that the time patterns of women and men differ, and women's increasing employment participation has not been paralleled by a corresponding increase in the time men spend doing housework.[1] Women's average working time in the household economy is higher than men's, since household work, socialization and care—all "labours of love"—are mainly allocated to women. Since time is limited and a person cannot do everything at the same time, a woman's bigger time investment in the household economy is a structural impediment for her equal access to the labour market. Despite the increasing employment participation of women and shorter interruptions in their employment, the overwhelming assignment of housework and care work to women, results in a situation where they can adapt to these male times of the exchange economy less frequently and not so continuously as men.

This interplay is often ignored, as can be seen, for example, in the statements of the European Court of Justice which claim that the equal treatment directives are not designed to settle questions concerned with the organization of the family or to alter the division of responsibility between parents, and that men and women are treated only within their limited capacity as workers.[2]

---

1 See for international time budget data, GERSHUNY and ROBINSON, "The Household Division of Labour. Multinational Comparisons of Change", in *The Changing Use of Time,* report from an international workshop organised by the European Foundation for the Improvement of Living and Working Conditions, Luxembourg: Office for Official Publications of the EC (1991) p. 153-184.

2 Case 184/83, *Hofmann,* [1984] ECR 3047;—joint cases 48, 106, 107/88, *Achterberg,* [1989] ECR 1963;—Case C-345/87, *Stoeckel,* judgment of 25 July 1991.

1. *Male Times and Female Times in Labour Law*

Legal norms institutionalize time arrangements and distribute rights to dispose of time. While the discussion of the organisation of 'time rights' between the employer and the employee is daily business among labour lawyers,[3] with the exception of the case of part-time work which has attracted considerable attention, the implicit gender dimension of time regulation is often overlooked. However a more general framework is needed, since time is not only distributed between employers and employees, but also between women and men inside and outside the employment sphere.

Further, the State intervenes and participates in structuring gendered time systems. This concerns not only legislation of time in labour law and social security law, but also the regulation of school times, school age, shop opening hours and the organisation of time in public institutions and administration. The State also acts as a provider of services and infrastructures, such as schools and childcare facilities which affect the time available for work, especially for mothers. The State as an employer in the public sector with high numbers of female employees may offer employment conditions and regulate working times in a way that differs from the private sector.

Law in general and labour law in particular have a role to play in the establishment of gendered time patterns. This is not limited to the employment sphere, but is also intertwined with the organisation and time management of private households and time patterns of

3 See, for example, THURMAN, "Working time", in R. BLANPAIN (ed.), *Comparative Labour Law and Industrial Relations in Industrialised Market Economies*, fourth edition, Deventer: Kluwer (1990) p. 133-166; or R. BLANPAIN and E. KÖHLER (eds.), *Legal and Contractual Limitations to Working-Time in the European Community Member States*, Deventer: Kluwer (1988).

public services and infrastructures. The gender dimension of labour law cannot be understood without taking into account these interactions in both spheres, at the level of social and economic processes and at the level of legal analysis. This entails distinguishing between analysis of normative models in law and of empirical outcomes. Thus, a feminist critique of labour law is necessarily interdisciplinary. Although this article concentrates on labour law, it will sometimes take account of the time rules of other legal subsystems (in particular social security law) and rely on findings of empirical research to investigate 'law in action'.

To shed light on the gender dimension of time regulation, I have developed the concept of *'male and female times'.* [4] This refers to normative models of gender implicit in legal norms regarding time. 'Male times' characterize models which assume full-time and life-long continuous availability for employment with time patterns that exclude contemporaneous care obligations or make the compatibility of family obligations and employment difficult. In other words: 'male times' are oriented towards male life-contingencies and take it for granted that someone else cares for children, the sick or elderly or does the necessary work at home. 'Female times' represent quite different time models: on the one hand, there are labour law entitlements to time off for carers, which are sometimes granted exclusively to women (maternity leave, time off for breast-feeding mothers), or which are sometimes available for special groups of employees (for example parents) regardless of sex. 'Female times' also encompass rules of special protection which limit working times for women, such as the prohibition of night work or earlier pension age. Finally, 'female times' also stand for those employment forms with shorter working times which allow for greater compatibility of employment and other activities (especially part-time work). I do not claim that one could or should

---

4 K. SCHEIWE, *Male Times and Female Times in the Law. Normative Models of Time in Labour Law, Social Security Law and Family Law, and their Impact on the Gendered Division of Labour,* Ph. D. thesis, Florence: European University Institute (1991); German version: *Männerzeiten und Frauenzeiten im Recht. Nomative Modelle von Zeit im Arbeits-, Sozial- und Familienrecht und ihre Auswirkungen auf die geschlechtsspezifische Arbeitsteilung,* Berlin: Duncker and Humblot (1993).

put each time rule under one of these categories; this would obviously be too simplistic (and would even reinforce gender stereotypes). I use these concepts to emphasise an underlying normative structure which plays a role in shaping gendered outcomes. However, this is not the only factor which is relevant in explaining gendered outcomes: others also play an important role, such as labour market segregation and pay differentials between women and men.

The analysis of time regulation encompasses different elements:

—Working time regulation introduced by statute law or collective agreements, such as regular daily and weekly working hours, holidays, maximum working hours.

—The regulation of working-time which deviates from the 'normal' (such as overtime, night and shift work) and the definition of alternative time patterns (such as part-time work or temporary work) and of time thresholds for exclusion or inclusion (minimum working hours, time thresholds for entitlements or age limits).

—The regulation of time patterns over the life-cycle or of longer employment periods (pension age or seniority rules, qualifying periods for access to rights) which play a particularly important role in social security law.

—The establishment of rights to paid or unpaid time off from employment (holidays, sickness, maternity leave, time-off to care for sick children or relatives, sabbaticals, etc.).

Time patterns of employment and the definition of what are typical or atypical employment forms are gendered. Through the construction of a hierarchy between male and female times, labour law and social security rules often disadvantage female times. Some fall, by definition, outside the realm of labour law and social security law. Others, such as periods of childcare, start to be partially integrated into law.

Certain activities which reduce availability for gainful employment and increase the probability of interruptions to work, (in particular childcare), are shifted into private households and are performed, by and large, by housewives. A sort of subsidiarity rule in social security law ensures this: for example, an employee's right to time off to care for a sick child is granted only on the condition that no other person in the household is available who can do the job. Elsewhere, I have analysed the benefits and losses which result from the present distribution of paid and unpaid work between women and men, firms and the State.[5] The relevant aspects for the organisation of the labour market are as follows:

—The risks of interruptions to work for family reasons are to a large extent taken out of the business sphere.

—The mobility and upward time flexibility of (predominantly male) full-time employees are increased; the role of the family as an impediment to mobility is reduced.

—The social costs of childcare and other care services are to be borne primarily by private households, and women have a higher price to pay for it—this relieves taxpayers or those contributing to social insurance who would otherwise have to pay more towards the costs of children.

—The potential for firms to combine a range of differentiated working times of different groups of employees is increased; this enhances the potential adaptability and flexibility of firms in times of economic change and uncertainty.

The advantages for men are their liberation from poorly valued activities and routine work within the household, their better relative labour market position and income situation and their more extensive bargaining power.

---

5 SCHEIWE, "Costs and Benefits of Housework, Winners and Losers", in R. DE LANGE and K. RAES (eds.), *Plural Legalities. Critical Legal Studies in Europe*, special issue, *Recht en Kritiek* (1991) p. 283-297.

2. *The Hierarchy of Labour Law and Social Security Law Protection of Different Forms of Working Time and Employment Relations*

The hierarchy of employment forms is centred around the normative model of the standard employment relationship[6] as full-time, continuous employment up to pension age. This grants a maximum of labour law and social security entitlements. While social security provisions can bridge gaps in the employment career due to events such as unemployment or work accidents, work interruptions due to care reasons are often placed at a disadvantage and may reduce the legal rights of an employee, or may force her to leave the labour market temporarily. Maternity rights, entitlement to parental leave and provisions allowing time off to care for the sick are different: under these provisions the employment and social security rights of an employee are maintained. With these exceptions, however, the family obligations of an employee are treated mainly as private matters. This may also lead to lower social security benefits or the complete loss of rights if continuity requirements or qualifying periods cannot be fulfilled because of family-related employment interruptions. Those who work at least full-time or even overtime, with night or shift work on top, are economically and legally better protected than those who work less than full-time.

Where the time thresholds and turning points between normal and atypical forms of employment are set, is contingent historically and likewise varies between countries. However, full-time employment is

---

6 MÜCKENBERGER, "Non-Standard Forms of Work and the Role of Changes in Labour and Social Security Regulation", *International Journal of the Sociology of Law*, vol. 17 (1989) p. 381-402.

TIME-FLEXIBILITY UPWARDS	• OVERTIME • NIGHT WORK • SHIFT WORK
THE STANDARD EMPLOYMENT RELATIONSHIP	• FULL-TIME EMPLOYMENT (continuous)
TIME-FLEXIBILITY DOWNWARDS	• PART-TIME WORK above nineteen hours per week • PART-TIME WORK between nineteen and ten hours per week • PART-TIME WORK less than nine hours per week or forty-five hours per month ('minor work')
NON-STANDARD CONTRACTUAL FORMS RELATED TO LENGTH OF EMPLOYMENT	• TEMPORARY WORK / FIXED TERM CONTRACTS • AGENCY-SUPPLIED TEMPORARY WORK
LESS PROTECTED EMPLOYMENT FORMS CLOSER TO THE HOUSEHOLD ECONOMY	• HOME WORKERS • DOMESTIC SERVANTS
OUTSIDE LABOUR LAW	• FAMILY HELPERS • HOUSEWIVES

commonly the most important point of reference. With increasing *time flexibility upwards* (that is, where those on full-time contracts agree to work extra hours) more economic and legal entitlements are granted, while *time flexibility downwards* (where employees agree to work less than full-time) brings further economic and legal disadvantages.

Each national labour law has an implicit hierarchy of employment forms, defining what is called 'standard' or 'non-standard', 'typical' or 'atypical'. I want to show how the specific hierarchy constructed in German labour law is structured around male and female times, and how the particular time thresholds and turning points are defined. This could also be a point for cross-national comparison of labour law's gender dimension. Do the privileges accorded to male over female times differ between national legal systems? How is the hierarchy of working times gendered? The scheme on the previous page gives an overview of the different categories used in German labour law, which are discussed in more detail below, and outlines their hierarchical construction.

Not surprisingly, women are over-represented in the lower *strata*. The closer work is to household production, the less it is protected legally and economically. Domestic servants, for example, are less protected against dismissal in case of pregnancy: dismissal is possible after the fifth month of pregnancy. Likewise, those employed in private households are excluded from entitlement to shortened work-week allowances *(Kurzarbeitergeld)*.

3. Overtime Work - 'Time Flexibility Upwards'

Overtime work beyond the normal working hours fixed by contract, collective agreement or statute law is very common. It is one of the main instruments of flexibilization for enterprises. Overtime work is distributed unevenly among different groups of employees and according to gender: white-collar workers and women work less overtime. The total number of hours worked by male employees is nearly triple that worked by women, and blue collar workers' overtime amounts to double that worked by white-collar workers. On average, people working overtime put in an extra 6.6 hours per week (men: 6.8 hours; women: 5.6 hours).[7]

The overtime work of part-time employees is highly problematic. As a rule, part-timers do not receive overtime bonuses, since overtime is usually defined as time exceeding the weekly working hours fixed in collective agreements (usually thirty-seven or thirty-six and a half hours per week). Sometimes bonuses for late shifts and night work are explicitly excluded for part-timers.[8] At the same time, the importance of overtime worked by part-timers is shown by the fact that the number of hours of overtime worked by part-timers, who are within the above-mentioned group of employees and who regularly work overtime, amounts to 5.1 hours per week—not much less than the corresponding figure for full-time employees (6.6 hours per week). Thus, the normal advantages of part-time work for employers (working time flexibility downwards and lower wage costs) are combined with the advantages of overtime as a form of 'time flexibility upwards' without the obligation for the employer to pay overtime premiums.

Until recently, case law assumed that employers owe overtime bonuses to part-timers only if the normal weekly working hours of full-time employees are exceeded.[9] For example, the Federal Labour Court argued essentially that the legal issue has been settled defini-

---

7 H. GROß and C. THOBEN, *Daten zur Überstundenarbeit. Projekt Arbeitszeitberichterstattung 1989,* ISO Kurzbericht 2, Köln (1989).

8 According to the regional framework collective agreement for the metal industry Nordwürttemberg/Nordbaden, in force since 1 April 1988, part-time workers not employed in manufacturing do not receive bonuses for late shifts or night work between 7 p.m. and 6 a.m. The national framework collective agreement for the chemical industry 1979-1987 and the national framework collective agreement for the paper-manufacturing industry from 15 June 1988 explicitly exclude part-timers from overtime bonuses if a threshold of thirty-nine hours per week is not exceeded.

9 Judgment of the Federal Labour Court of 23 February 1977, Arbeitsrechtliche Praxis, no. 1 to par. 1, Collective Agreements Statute;—Federal Labour Court, 1985, Arbeitsrechtliche Praxis, no. 48 to par. 37, Employees Representation Act, 1972.

tively by statutory provision[10] or by collective agreements (overtime bonuses have to be paid when the stipulated working hours per week are exceeded), and that no regulatory gap existed to be filled by court decisions. In these 1977 and 1985 cases, a potential conflict with EC law's ban on indirect discrimination against women was not even perceived.

Before 1991, to my knowledge, case law provides only one example of a situation where the problem of unequal treatment of men and women through the refusal of overtime bonuses for part-timers in collective agreements was touched upon: a judgment of the Regional Labour Court of Bremen.[11] However, it was held that the rule was not indirectly discriminatory, since the Court found it was objectively justified. The extra "physical stress" of overtime for full-timers, as compared to part-timers, was considered to be an objective ground for this differentiation. According to the Court, the physical stress increases when a certain threshold of working hours is exceeded, which justifies overtime bonuses. This argument is, however, not sound. There is no unitary or absolute stress limit which is equal for all employees and from which point stress increases disproportionately. Furthermore, the argument regarding physical stress ignores, with a typical male bias, the time load and stress which additional housework and care activities create for part-time workers.

Some changes have occurred in recent years: the Employment Tribunal of Hamburg decided in 1991[12] that the exclusion of part-timers from overtime bonuses, through a national collective agreement for white-collar workers in the public sector, constituted indirect discrimination against women and was an infringement of article 119 of the Treaty of Rome and of Directive 75/117/EEC. Other labour courts have initiated referral procedures before the European Court of

---

10 According to par. 15, Working Time Act, 1938: "overtime bonuses have to be paid for any hours worked over forty-eight hours per week."

11 Regional Labour Court Bremen, judgment of 21 May 1971, *Der Betrieb* (1971) p. 1429 *et seq.*

12 Judgment of 21 October 1991, case number Ca 173191, published in *Streit* no. 2/1992, p. 76-79.

Justice,[13] challenging the compatibility of similar clauses in collective agreements with EC law.

4. *Night Work, Shift Work, Weekend Work*

As with overtime, these forms of organization of working time provide for 'upward time flexibility'. The core working hours of full-time work are extended. Women are underrepresented in these forms of working time (with the exception of some strongly segregated areas, for example, the health sector or hotel and restaurant business, which are also largely excluded from the sphere of application of protective legislation for women). Factors that contribute to women's underrepresentation include segregation and the time organization of private households, as well as protective legislation. In the evening, during the night and at weekends hardly any childcare facilities are available. In some cases, however, women work late shifts or night shifts because this is the only time when they can make private arrangements with their partners or relatives who can look after their children and who would not be available during the day.[14]

Data on women's night work is scarce; for the Federal Republic of Germany figures exist only for 1975. Among those working irregularly *on Sundays or public holidays,* 25 % were women, and one third of those doing it regularly were women. *Shift work* was performed by 18 % of all male employees, and 10 % of all female employees. In

---

13 Case C-34/93, *Lange* v. *Bundesknappschaft Bochum;*—case C-50/93, *Kussfeld* v. *Bogdol;*—case C-78/93, *Ludewig* v. *Kreis Segeberg;*—case C-402/93, *Neumann* v. *Freie und Hansestadt Hamburg.*

14 As a reason for why they perform night work 62.7 % of the women engaged in permanent night shifts and 70.3 % of those in regular late shifts stated that this was necessary because of the demands imposed by caring for their children, according to an investigation of 1963.

1975, 5.6 % of all employees performed *night work* on a regular basis. The share of women among night workers is below 20 %.

Night, shift and weekend work are concentrated in the manufacturing industry for men, while the most important sectors for women are trade and commerce, the hotel and restaurant business, transport and communication and other services (including health). This segregation is also visible at the level of pay for night, shift and weekend work. In general, men's bonuses are much higher than women's. For example, a nurse working continuously changing shifts receives more or less the same monthly shift bonus as an Opel employee gains for a single Sunday shift.

The working time restrictions provided by the protective legislation for women of the Working Time Statute, 1938,[15] are still relevant with regard to the employment of women on weekends, public holidays and during the night. However, the prohibition of night work for female blue-collar workers (par. 19, Working Time Statute) has been declared null and void by a judgment of the Federal Constitutional Court of 1992,[16] following the *Stoeckel* case of the ECJ.

I will here quote some parts of the careful reasoning of the judgment as this will shed more light on the problems faced by the Federal Constitutional Court in implementing the principle of formal equality. They faced these problems due to the inactivity of the legislature which did not replace the obsolete provisions foreseeing the special protection of women by gender-neutral entitlements which

---

15 Par. 19 of the Working Time Statute regulates night rest and provides for earlier closing times before Sundays and public holidays. In one-shift enterprises female blue-collar workers cannot be asked to work between 8 p.m. and 6 a.m., on days before Sundays and after 5 p.m. on public holidays. In enterprises with more than one shift, female blue-collar workers may be asked to work only until 11 p.m. and from 5 a.m. onwards (with the special permission of the factory inspectorate until midnight or from 5 a.m. on if the late shift ends at 11 p.m.; a continuous rest period of seven hours has to be respected). Exemptions can be granted by the factory inspectorate for technical or economic reasons for a maximum period of forty days a year (par. 20, Working Time Statute). The prohibition of night work for women is not valid for temporary tasks in emergency cases (par. 21).

16 Judgment of 28 January 1992, *Neue Juristische Wochenschrift* (1992) p. 964.

would have enhanced substantial equality for women. The argumentation of the Federal Constitutional Court first states that the equality principle aims at improving the living conditions and opportunities of women as a disadvantaged group, that in particular employment opportunities should be equalized, and that State measures should not reinforce traditional gender roles. Next, the argument that the prohibition of night work is justified by particularities of the female constitution is rejected:

> ... Specific health risks which can be traced to the female constitution have not been recognised with certainty. In so far as research indicates that women are affected more by night work, this is related to their additional domestic tasks.

Here the Court dismisses the former argumentation of the 1980 judgment[17] in which the same rule was declared to be constitutional because of the weaker physical constitution of women, *i.e.* because of biological differences. In the 1992 judgment, a distinction is introduced between the gendered division of labour as a social fact and characteristics of the female sex:

> However, a general prohibition on night work cannot be based on this, because the additional domestic tasks and childcare are not a characteristic of the female sex. It is true that it conforms to the traditional division of roles that the woman manages the household and takes care of the children, and it cannot be denied that she has to take this role even when she, like her male partner, works. This double burden affects, in particular, women with children, who need care in so far as they are alone or their male partners leave the care of the children to them in spite of their night work. ... These social facts are not sufficient to justify unequal treatment. The undeniable need to protect men and women who perform night work and have to manage a family can be better regulated by provisions which recognise these facts.

The Constitutional Court fails to make use of another traditional figure of legal argumentation: the so-called 'functional peculiarities of women'. The Constitutional Court developed the legal concept of the

---

17 Judgment of 15 January 1980, published in Arbeitsrechtliche Praxis, no. 9, concerning par. 78[a], Employees Representation Act.

biological and functional peculiarities of women[18] in 1953 to interpret the constitutional equality principle and to justify special treatment based on sex in certain conditions. Women's role in the household and their double work-load was considered to be a functional peculiarity which allowed for special treatment in some cases as a compensation for the disadvantages which stemmed from it. This argumentation, which was somewhat naturalistic, ahistorical and open to gender-stereotypes, was not applied in the 1992 judgment quoted above. The Court went to quite some lengths to weigh up the advantages and disadvantages of the contested rule which prohibited night work for female blue collar workers. The goal of protecting women's health is weighed against labour market disadvantages which may result from special protection. Here, the Court argued that female employment had already decreased in the high-tech sector, where night work is becoming increasingly attractive for employers, but the prohibition of night work impeded the access of female blue-collar workers to these jobs and would also bar women from higher night shift bonuses. Finally, the Court declared the prohibition of night work to be null and void.

The Constitutional Court pointed to the 'undeniable need' for protection of employees with family duties, *i.e.* it is stated that differences should be taken into account. This is an important aspect of substantial equality. However, the Court cannot provide for an adequate solution in this case, and the legislator is asked to intervene. One effect of the nullity of the rule is that the ban on night work for female blue collar workers has been lifted, but those concerned are left without any alternative rules in a legislative void. The Court cannot be blamed for this result, as the main reasons for this void are the non-decision making of the legislator and the incapacity of the parties

18 This notion was developed in 1953, see Bundesverfassungsgesichtsentscheidungen (BVerfGE) 3, 242, and has been applied continuously.—For a more recent example, see the judgment of 28 January 1987 (*Neue Juristische Wochenschrift* [1987] p. 1542). The formula that the "objective biological or functional differences may demand or even require differing regulation according to the nature of the specific life situation" was applied by the Federal Constitutional Court as a measure to judge on the constitutionality of special treatment on grounds of sex.

involved in collective bargaining to find a common solution. This is also a structural problem of the division of power between judiciary and legislator. Moreover, it is women who are left to pay the price for this when no political solutions and no new laws are found in time, and protective legislation is abolished as discriminatory without alternative measures being introduced in its place.

5. *Part-Time Work*

Part-time work is women's work, and it is the most common form of working time organization granting time flexibility downwards. In Germany its frequency is relatively low compared to other countries.[19] I will not go into the details of the extended legal debate on indirect discrimination against part-time employees.[20] Besides the well-known *Bilka, Rinner-Kühn* and *Arbeiterwohlfahrt* cases which were decided in preliminary rulings of the ECJ, German labour courts have decided that the exclusion of part-timers from some fringe benefits (holiday pay, Christmas bonuses) was indirectly discriminatory. Case law also states that the exclusion of part-timers from the sphere of application of collective agreements was an infringement of the equal treatment principle. Legal developments have consequently implemented the pro-rata principle against rules set by the legislator, the

---

19 The proportion of part-time employment (proportion of part-time employees out of all dependent employees) increased from 3.9 % in 1960, to 9.3 % in 1970, to 13.9 % in 1988 (G. BÄCKER and B. STOLZ-WILLIG, *Kindererziehung, Arbeitszeiten und soziale Sicherung,* WSI-Arbeitsmaterial, no. 26 [1990] p. 8.). The proportion of part-time work out of total female employment in 1985 amounted to nearly 30 % in the FRG, 42 % in Denmark, 44 % in the United Kingdom and 57 % in the Netherlands.—See also A. L. ELLINGSAETER, *Part-time Work in European Welfare States. Denmark, Germany, Norway and the United Kingdom Compared,* Institute for Social Research Working Paper 1992:10, Oslo: Institute for Social Research (1992) for an international comparison with an emphasis on the state policies and institutional factors that influenced differences among countries.

20 See H. PFARR and K. BERTELSMANN, *Diskriminierung im Erwerbsleben. Ungleichbehandlungen von Frauen und Männern in der BRD,* Baden-Baden: Nomos (1989).

parties to collective agreements or single employers which disadvantage part-timers. This is important and not yet fully realised, particularly in social security law.

However, despite this general upgrading of the legal position of part-time work, it can become a real alternative to the full-time standard employment relationship only in the case of 'long' part-time, while 'short' part-time (below eighteen hours per week) results in a very disadvantaged legal position, even in the case where it can provide for a 'living wage', which is rarely so.

The income derived from part-time employment is usually not high enough to cover minimum subsistence when it is the only source of income. The monthly net income of nearly 80 % of women employed part-time was below DM1000.[21] One in three even earned less than DM540 per month. The gross hourly wages of female part-timers in 1984, calculated on the basis of the effective number of hours worked per week, came to only 92 % of those of full-time working women. Part-timers working less than fifteen hours a week earned only 83 % of the gross hourly wages of full-time working women, and one in two of those in minor employment got an hourly wage of less than DM9. Thus part-time work requires the second income of a partner and the pooling of resources in the household—or it has to be topped up by income support benefits to reach a subsistence level. The *one and a half income household* is the social background which makes most part-time work economically feasible, and in a way it stabilizes the gender-specific division of labour.

Part-time employment of above twenty hours per week, and particularly of around thirty working hours per week, is less frequent. It may be a source of economic independence for an individual within the higher income strata, or for Beamte (civil servants) in the public sector. The possibility of reverting from part-time to full-time work and the limitation of disadvantageous effects for old age pensions are important indicators for the quality of part-time work. Büchtemann and

21 C. BÜCHTEMANN and J. SCHUPP, *Socio-economic Aspects of Part-time Employment in the FRG,* WZB Discussion Paper FSI 88-6, Berlin: Wissenschaftszentrum (1988).

Quack[22] have provided evidence of such empirical diversity; their work has shown that one cannot equate each part-time job with sub-standard employment.

6. *Minor Working Hours or Casual Employment*

This type of part-time work brings about an accumulation of risks and low standards of protection in labour law and social security law at the bottom end of time scales. The concept of 'minor employment'[23] indicates part-time work below certain time and income thresholds (less than fifteen hours per week and below DM530 per month in 1993) or short-term, temporary full-time work.[24] Minor employment is not liable for social insurance contributions (pension insurance, sickness insurance and unemployment insurance) and therefore provides considerable wage savings for employers.

Empirical research reveals the gendered character of this work type. Of the 2,823 million employment relationships with minor working hours not liable to social security contributions in 1987, 55 % were

22 BÜCHTEMANN and QUACK, "'Bridges' or 'Traps'? Non-Standard Employment in the FRG", in G. RODGERS and J. RODGERS (eds.), *Precarious Jobs in Labour Market Regulation,* Geneva: ILO (1989).

23 This is a translation of the German term *geringfügige Beschäftigung;* in English it is sometimes also called casual work. However, minor work denotes a form of part-time work with relatively low working hours; it can be a permanent employment relationship and is not necessarily temporary.

24 This is the case when the following thresholds are not exceeded:

—The weekly working time is less than fifteen hours and the income derived from this employment is lower than DM530 per month in 1993;

—The activity is considered not to be permanent because of the time-limitation (maximum two months or fifty working days per year);

—Employees are not liable to make unemployment insurance contributions independent of the level of earnings if their working time is less than nineteen hours per week (various employment relations with different employers are not added together), par. 102[1] and 169[6], Labour Promotion Act.

with women and 45 % with men. The proportion of women increases to 65 % when pupils, students, pensioners and the unemployed are excluded. A considerable increase in minor employment occurred between 1976 and 1986 within a time range of one to nine working hours per week. This group grew by 36.2 %, a growth consisting almost exclusively of women.[25] The growth in the rate of part-time work involving between ten and twenty working hours per week was even more marked (44.8 % in the same period); this again involved mainly women.

One could characterize this social organization of private households as a *variation of the traditional breadwinner/housewife model:* the female partner is only partially employed, earning some additional income, but without a 'living wage' and without her own social security coverage—this is expected to be provided through marriage.

The gender-specific profile of 'minor employees' has the following characteristics: the typical male employee not liable to pay social insurance is either unemployed or still in education or training and is younger than thirty-five.[26] The typical female employee not liable to pay social insurance is a housewife, aged between twenty-five and fifty-nine; 95 % of the women in this group are in charge of a household. Women are engaged in this precarious employment form for longer time periods and more continuously. In 1987, minor employment of women was concentrated in a few sectors: private households (32 %), cleaning services (17 %), trade (13 %), the manufacturing industry (11 %) and catering (8 %). The kinds of activity performed consisted in over 50 % of cases of cleaning activities, and a further 14 % involved childcare or other activities in private households. Minor employment of women and men is overwhelmingly concentrated in small and medium enterprises; in only 12 % of the employing firms did a works council exist. Only 17.5 % of the women had a written

---

25 W. FRIEDRICH, in INSTITUT FÜR SOZIALFORSCHUNG UND GESELLSCHAFTSPOLITIK (ed.), *Sozialversicherungsfreie Beschäftigung,* Forschungsbericht Sozialforschung no. 181, Bonn: Bundesministerium für Arbeit und Soziallordnung (1989) p. 204.

26 *Ibid.*, chap. III.

employment contract. Particularly in the cleaning sector the employment situation of women (many of whom are foreigners) is often scandalous.

Most legal disadvantages result from not being liable to pay social security insurance. In labour law, one particular disadvantage was the exclusion from continued wage payment by the employer in the event of sickness (par. 1[3], no. 2, Act on Continuous Wage Payment) of blue-collar employees working less than ten hours per week or forty-five hours per month. This has been superseded by the Rinner-Kühn judgment of the ECJ. [27]

Another example of indirect discrimination against women is the rule that since 1985 part-timers working less than forty-five hours per month or ten hours per week are no longer counted as employees of the firm when calculating the firms total number of staff. This is important for coverage under the Unfair Dismissal Act, which applies only to firms with more than five employees (par. 23[1]-[2][3], Unfair Dismissal Act). Small enterprises (where female employees are overrepresented) can circumvent the applicability of unfair dismissal law by stipulating employment contracts below the time thresholds described.

The European Court of Justice has recently ruled on this issue in the *Kirsammer-Hack* v. *Nurhan Sidal* case. [28] The Labour Court of Reutlingen had initiated a preliminary proceeding, asking among other questions whether the above mentioned rule of the Unfair Dismissal Act constituted indirect discrimination against female employees who constitute the overwhelming majority of part-timers. The ECJ answered this question negatively, mainly with the argument that in the case, it had not been proved that those firms excluded from the application of the Unfair Dismissal Act employed substantially more women than men. The Court argued that the rule regarding application of the Unfair Dismissal Act differentiated *not* between part-time

27 Case C-171/88, *Rinner-Kühn* v. *FWW*, judgment of the ECJ of 13 July 1989.

28 Case C-189/91, *P. Kirsammer-Hack* v. *Nurhan Sidal*, judgment of the ECJ of 30 November 1993.

and the other employees, but between all those employees in small firms, males and females, excluded from coverage by the Unfair Dismissal Act, and employees in firms where the Act is applicable since they engage more than five employees. To prove indirect discrimination, it was therefore considered to be necessary to prove that considerably more women than men are employed in those firms excluded, which had not been shown sufficiently in the case decided by the ECJ. Moreover, the Court pointed out that even if more women than men were affected, the rule might be objectively justified for reasons unrelated to sex, such as the intention to ease the burdens for smaller enterprises. Thus, due to a particularity of the case brought before the ECJ, (the alleged lack of adequate proof that women are overproportionately affected), the Court has not yet expressed a clear opinion whether such a rule might be considered to be justified by a necessary goal of social policy, adequate and necessary to reach this goal, and we will have to wait for another case.

The broader question as to whether the exclusion of employees with minor working hours from obligatory social insurance (pension and invalidity insurance, sickness insurance, unemployment insurance) constitutes indirect discrimination against women under article 4[1] of Directive 79/7/ECC has been brought before the ECJ in 1993 in two cases initiated as preliminary proceedings by the local social courts of Speyer[29] and Hannover.[30] In these pending cases the differentiation takes place between (mainly female) employees with minor working hours and those working hours above the thresholds (detailed above), excluding part-timers from obligatory social insurance. This puts on the agenda the question which has not been dealt with by the ECJ in the Unfair Dismissal rules case discussed above, and I very much hope that the Court will continue the *Rinner-Kühn* line of argument. If the same strong requirements for objective justification of such rules are applied, it is probable that these rules will be considered to be indirectly discriminatory against women.

---

29 Case C-444/93, *U. Megner et al.* v. *Innungskrankenkasse Vorderpfalz.*

30 Case C-317/93, *I. Nolte* v. *Landesversicherungsanstalt Hannover.*

7. *The Costs of Employment Interruptions for Women*

Seniority rules can discriminate against women, especially if there are strong requirements of continuity and length of employment. Further long-term costs result from employment interruptions, which imply renouncing occupational experience—an important aspect of human capital accumulation. Additional losses can be caused by the 'ageing' of knowledge and professional experience as well as simply by forgetting job skills during absence. This devaluation of human capital leads to income losses at the moment of re-entering the labour market. The potential income losses caused by employment interruptions are considerably increased for more highly qualified women. Galler assesses that university graduates who interrupt employment for one year lose 12 % of their future income capacity, [31] this increases up to 50 % in the case of a ten year break. These losses are nearly halved when employment is not completely given up, but is substituted by part-time employment. In a comparative study, Davies and Joshi estimated that the gross cash earnings foregone by a German mother who interrupted work for ten years came to about half the earnings of a woman without children after the age of motherhood. [32] It was assumed in this calculation that a mother of two children would stay out of employment until the youngest child reached the age of six—a typical pattern in Germany.

Employment interruptions for care reasons diminish women's income opportunities in gainful employment. At the same time, they allow fathers to continue full-time work and to make further time in-

---

31 GALLER, "Familiale Lebenslagen und Familienlastenausgleich", in B. FELDERER (ed.), *Familienlastenausgleich und demographische Entwicklung*, Berlin: Duncker and Humblot (1988) p. 83-112.

32 H. DAVIES and H. JOSHI, *The Foregone Earnings of Europe's Mothers*, Discussion Paper in Economics 24/90, London: Birkbeck College, University of London (1990).

vestments in their career, for example, through further training or business meetings at weekends or in the evenings. The employment interruption or working time reduction of the female partner is often the precondition for the employment continuity of the father. The costs of human capital devaluation and the foregone income of women who reduce their attachment to employment are on average not adequately compensated by other institutions, neither by social security benefits nor by family law provisions. This is evident, for example, when looking at the economic consequences of divorce for many women.

Labour law entitlements to time off or to reduce working time in order to care for children or for other needs of household members are crucial to ensure the compatibility of employment and housework. The distribution of the costs of caring within a society is a measure of the level of discrimination against women and of the quality of life in general.

8. Maternity Leave, Parental Leave and the Unequal Distribution of Childcare Costs

The trend away from gender-specific rights and towards gender-neutrally formulated entitlements has had the consequence that maternity leave and maternity benefits have remained largely unchanged over the last years, while parental leave has been extended. Maternity leave for employed women reached its highest level of six months between 1979 and 1985. Different legal proceedings were initiated against this regulation claiming an infringement of the equality principle. However the Federal Constitutional Court confirmed the constitutionality of this rule. This was based on the somewhat problematic argument that it was justified by 'biological differences' between the sexes as an objective ground.[33]

The European Court of Justice had to decide on the compatibility of the same provision with EC directive 76/207 in the well-known *Hofmann* v. *Barmer* case. It was held that the exclusion of employed fathers from the six months maternity leave did not infringe the Equal Treatment Directive.[34] The ECJ did not consider the concept of maternity, defined in article 2[3] of the EC directive 76/207, in detail, but interpreted it rather loosely: it was treated as self-evident in a way which leaves leeway for gender-stereotypes. This ambiguous position also influenced the problematic *dictum* of the European Court of Justice in the same judgment that the EC directive 76/207 was not designed to interfere with matters of family organization, nor did it aim to change the distribution of responsibilities between parents.

After 1985, maternity leave was again reduced to a lower standard[35] and was supplemented by gender-neutral parental leave for each mother or father, independent of her/his employment status. Parental leave can be combined with part-time work of up to nineteen

---

33 The Federal Constitutional Court expressed this in a decree of 5 August 1989, rejecting a complaint against a decision of the Federal Social Security Court;—see the report in *Der Betrieb* (1986) p. 2286 and H. PFARR and K. BERTELSMANN, *supra*, note 20, p. 297 *et seq.* giving an overview of the relevant case law.

34 Preliminary proceeding initiated by the Regional Social Security Court Hamburg, case C-184/83, *Hofmann* v. *Barmer Ersatzkasse,* judgment of the ECJ of 12 July 1984, [1984] ECR p. 3047-3088.

35 The main regulations in the Maternity Protection Act include:

a) The prohibition of the employment of pregnant women six weeks before the expected date of delivery (par. 3[2], MPA);

b) The prohibition of the employment of women during eight weeks following the delivery, in cases of premature birth and multiple birth this period is extended to twelve weeks (par. 6[1], MPA);

c) The entitlement to paid breaks for breast-feeding during work (at the necessary time, at least half an hour twice a day or a total of one hour); this regulation is valid also for homeworkers (par. 7, MPA);

d) The prohibition of overtime work and work during the night from 8 p.m. to 6 a.m., on Sundays and public holidays for pregnant women and breast-feeding mothers (with exceptions for the hotel and catering sector, agriculture, health care institutions and hospitals, etc.) [par. 8, MPA].

hours a week (par. 1[1][4], Federal Statute on Parental Allowances). It is discretionary and the employer has to consent; there is no legal right to part-time work. The duration of the parental leave introduced in 1986 has been raised incrementally from an initial ten months to three years. An allowance of DM600 per month is now paid for two years. After the first six months, it is means-tested and can be partially reduced. During parental leave, employed mothers are protected against dismissal and various social security rights are maintained.

Parental leave regulation contains various restrictions and rules which discriminate against the employment of women during such leave: for example, the level of benefit and the inadequate recognition of periods spent in education for pension entitlements.[36] Contrary to proposals which were oriented towards the Swedish model of parental insurance, the German legislator did not introduce a general right of employed parents to a working time reduction. Wage losses during parental leave periods are not covered by social insurance, since a flat-rate benefit is paid which is not related to former earnings and which is paid also to mothers who were not employed before the birth of the child. A legal right to working time reduction is granted only for Beamte, who are outside the coverage of labour law.[37]

Landenberger has researched the effects of parental leave on labour market opportunities and social security for women:

> They provide a distinctive image of family policy, and they reduce the special labour market problems of women with children not by integration policies but rather by policies aiming at the separation of women from the labour market. ... The parental leave reinforces existing tendencies of segmentation and

---

36 If the mother builds up her own pension entitlement through employment during the first three years following the birth of the child, this cannot be combined with the expectancies based on childcare periods. Where the person caring for the child is already entitled to pension rights on the basis of 75 % of the average income during this year, educational periods have no positive effect on pension entitlements and do not augment the pension, although the mother has a 'double job'.

37 Since 1984 the civil service rules are gender-neutral. Leave and reduced working hours for family-reasons can be granted to Beamte up to a maximum period of eighteen years. The total leave period can amount to nine years.

> marginalisation ... public pension funds are increasingly used as an instrument of family policy and the reduction of labour supply.[38]

The parental leave package of the Conservative-Liberal coalition was based on a traditional gender-family model according to which children up to the age of three years should be cared for at home. The benefit level is not high enough to grant economic independence to a caring parent. It is certainly a gain for women that this leave secures their job for three years and that part-time work is possible during this period (depending on the consent of the employer). This is definitely better than an enforced complete exit from the labour market. Pension credits for childcare periods are also a partial recognition of the societal value of this work. However, this is still inadequate, and it is no help to employed parents in managing the daily troubles of job plus childcare which remains a purely private matter. The parental leave package was established at the expense of extending public childcare facilities which are insufficient, particularly for children under three. This disadvantages those women who want to continue in employment and who prefer to work full-time. The parental leave package generally reinforces a normative model of 'the mother of a child under three should stay at home'.

This might be contrasted with what Leira describes as the *employed mother-model* of Sweden.[39] This model encompasses an active labour market policy aimed at facilitating the compatibility of employment and care duties. It integrates benefits for caring parents into the social security system and sets financial incentives for mothers' employment via tax policies and social security benefits for employed parents. In this model, good childcare facilities are considered to be a labour market issue; the liberal ideology of rigidly separated spheres with childcare as a purely private matter is abandoned. The German parental leave package leaves it instead to individual families to solve

---

38 M. LANDENBERGER, *Wirkungen des Erziehungsurlaubs auf Arbeitsmarktchancen und soziale Sicherung von Frauen,* WZB Discussion Papers FSI 90-7, Berlin: Wissenschaftszentrum (1990).

39 A. LEIRA, *Welfare States and Working Mothers: The Scandinavian Experience,* Cambridge: Cambridge University Press (1992).

the problems of combining paid and unpaid work and to get around the scarcity of childcare facilities. This typically means in practice that it is mainly mothers who have to settle the incompatibilities between different time systems. The interaction between the two systems is organized in such a way that it is women who are caught in the middle to smooth the frictions and mediate the time clashes between the different systems of working times in employment, the opening hours of kindergartens and schools (which in Germany are only part-time and irregular), school holidays and shop opening hours (shops close between 6 and 6.30 p.m., and on Saturdays at 1 p.m.). To fill these time gaps and synchronize individually differentiated time-schemes in households, especially with children, is a demanding feat of co-ordination and adaptation, performed mainly by women.

Recently, more interesting impulses for change have come from the Federal Constitutional Court than from the legislator. One case from July 1992 deals with inequalities in pension insurance and the recognition of childcare periods. [40] The Court stated that the legislator is obliged to compensate to a greater extent than has so far been the case for the weaknesses of the pension insurance system where childcare periods result in disadvantages in old age pensions. These disadvantages should be reduced by the legislator step by step. This is based on an interpretation of the general equality principle of article 3[1], German Basic Law and the protection of the family enshrined in article 6[1], but also with reference to the equality of women and men under article 3[2]. Since women are negatively affected more than men, according to the judges, this invokes the duty of the legislator to work towards an equalization of living conditions for women and men. The Court states that a moderate redistribution within the State pension scheme at the expense of persons without, or with few, children would not infringe property rights in an unlawful way. Also the widow/ers' pension could be reformed, argued the Court, by taking into account the length of marriage and whether the surviving spouse was hindered in building up her/his own pension entitlements

---

40 Judgment of the Federal Constitutional Court of 7 July 1992, *Neue Juristische Wochenschrift* (1992) p. 2213.

because of childcare activities. The Court also mentioned that there is no reasonable justification for limiting pension credits for childcare paid by the State to only 75 % of the average contribution paid in a given year, as is presently the case. I think this is a very interesting judgment.

This links up with another decision of the Federal Constitutional Court of May 1990 where, although the gender dimension is relevant, it is not explicitly mentioned. In a court order of 29 May 1990[41] the Federal Constitutional Court gave a judgment on child-related tax exemptions and their unequal impact upon different groups of tax-payers. The Court declared some of these rules to be unconstitutional, since child allowances plus tax-exemptions for childcare would not compensate sufficiently for the financial burdens imposed on the lowest income groups. The subsistence minimum for low-income households with children was not respected by these tax law provisions. Income taxation should take into account the reduced capacity of some households to pay taxes by way of granting more adequate tax reductions or social benefits. These should be calculated in such a way that comparable relief is granted to low-income families to that of higher-income families who benefit more from child-related tax exemptions in Germany.

It remains to be seen, however, how the legislator will implement these instructions of the Constitutional Court. Given the inequalities within households, women do not necessarily benefit from more generous child-related tax-exemptions, since the main tax-payer within a couple (usually the father) benefits most from it. Mothers gain more from universal child benefits paid directly to them.

---

41 Court order of the Federal Constitutional Court of 29 May 1990, published in *Betriebsberater* (1990) p. 1750 *et seq.*

9. *Towards a Different Interpretation of the Managerial Prerogative to Dispose of Time?*

The managerial prerogative of the employer to dispose of the time of the employee within the limits set by contract or statute is a crucial feature of the employment relationship. The hostility of market organisation towards 'unproductive' time waste which does not maximize profits is one major reason for the relative closure of labour law towards the care duties of employees which are treated as private affairs. I want here to suggest some legal arguments which might limit the managerial right of employers to dispose of the time of employees with family obligations within certain circumstances. This begins from the perspective of an employee who has to fulfil different and sometimes conflicting obligations contemporaneously: contractual obligations towards the employer in the field of labour law, and family law or marital law obligations of care and maintenance of children or spouse. How can these conflicts between one's different obligations as a worker, as a spouse and as a parent be resolved? Under certain conditions, I would argue, this might give rise to a claim on the part of the employee that working times are organized in such a way as not to allow her/him to be gainfully employed without neglecting other obligations. This right should be granted under the restricted condition that a change of working times does not lead to severe economic loss for the firm. Doctrinally, this result might be reached on an interpretation of the concept of 'equity' or 'fairness' contained in paragraph 315 of the German Civil Code. Where one party (here the employer) has the right to the fulfilment of the due contractual performance of the other party, 'fairness' as a legal principle in civil law requires that a conflict of obligations of the employee also be taken into account. Further doctrinal support for this claim may be derived both from case law and from the debate among legal scholars concerning the possibility of an employee retaining a right to the due performance to work in certain situations, where she/he is not in breach of the labour contract (par. 616, German Civil Code). In a few cases, courts of lower instance have made similar arguments.

The space available here does not allow me to develop this argument in depth. My intention is, however, to make some inroads into labour law with the aim of attempting to overcome the ideology of separate spheres, reflected by the fragmentation of different subsystems of law. One should start from the perspective of the woman as actor: for labour law this means considering an employee as someone who has multiple legal obligations, enshrined in different areas of labour law or family law.

It is not so new to take the family obligations of an employee into account in labour law or social security law. However, this has mainly been done up to now in a way that enshrines a gendered division of labour. The (typically male) employee with maintenance obligations *in cash* (the main breadwinner) has some particular rights to benefits and job protection, while the (predominantly female) employees with family obligations *in kind* who invest more time in unpaid work have had fewer rights. This family dimension of labour law and social security law is often overlooked. I think it is important to show that the family dimension is constructed in a gendered and hierarchical fashion which privileges the employee who provides financial maintenance over an employee (most often female) who invests more time in care activities.

The existence of dependants may lead to an employee receiving wage supplements in the public sector, or the number of dependent persons for whom an employee has maintenance obligations may be taken into account under unfair dismissal law when it has to be decided who to dismiss. Dependants also play a role in social security law and tax law. Although an employee (or society in general) may be equally economically dependant on the partner and her unpaid work and care activities in the household, dependants are interpreted, with typical male bias, as those depending on the employee's wage. Particularly when labour law entitlements and social security benefits are granted only to one of two employed parents, they usually go to the man in the case of money, whilst any time off is more often taken by employed women. Those family obligations in the family sphere which are recognized in employment law have effects which vary according to gender.

10. Diverging Gender Models in Social Policy, or: Can Labour Law Deliver the Goods?

Since the fifties, German labour law has dismissed some obvious forms of sex discrimination, such as different wage categories or marriage bars which were based on a *breadwinner/homemaker model* with explicit gender connotations. In this model, women's waged work was considered only to be a subordinate source of secondary earnings, which was exceptional or temporary after marriage. Social security provisions reflected this: women paid lower contributions and received lower benefits, they also had the possibility of opting out in case of marriage and receive a lump-sum payment of former contributions.

Nowadays, only the protection of pregnant employees and mothers after delivery remain gender-specific, other relics of special protection for women have been gradually abolished. However, the gender-neutral standard employee is not entirely individualized. I have argued that the formally gender-neutral model of the employee still contains *references to the family situation which are gendered.*

For example, unfair dismissal rules take into account the number of economic dependants of the employee when a decision has to be taken as to who should be dismissed first, and who deserves more protection. The rules on time off to care for sick children [42] are an

---

42 Paid leave for the care of sick children has doubled since 1992. Employed mothers or fathers have a right to ten days off per year each to look after sick children below the age of ten—if no other person living in the household is available to care for the sick child. Lone parents can take up twenty days per years. The maximum period is

(continues on next page)

example of the *subsidiarity model* that assigns the burden of care first to the housewife and, only if she is not available, will the employee be entitled to leave.

What is important in terms of the subordination of women's work are the rules of exclusion operating via the construction of separate spheres and rigid distinctions which are, however, inconsistent and contradictory. The concept of indirect discrimination can challenge this restricted view, particularly when it is freed from the ideological assumption that a couple's division of labour in a private household should not be touched upon by the equal treatment directives. At present, an employee's obligation to provide maintenance *in cash* towards economically dependant family members is taken into account in a different way from an employee's maintenance obligations *in kind, i.e.* care activities are treated less favourably. This implicitly privileges the employed father or husband over the care-worker.

As far as the problem of co-ordinating paid and unpaid work, employment and care is concerned, German social policy has not developed an *employed mother-model* to co-ordinate the different spheres and time-patterns. The parental leave package which has developed since 1986 is based on a family policy designed along traditional lines. It creates negative employment incentives for mothers of young children and helps to implement a normative model of the *'mother of under threes at home'*. The *standard employment relationship* with its time patterns oriented towards male life-contingencies does not facilitate the compatibility of paid work and care—at least so long as the incompatibilities are not mitigated by sufficient childcare facilities with long opening hours and regular full-time school hours. Although some care-related entitlements have been extended in the Federal Republic of Germany (while those of the former German Democratic Republic were cut back following unification), care duties are still considered as private matters, and women have to bear the main costs. The increase in the rate of women's employment in recent years is mainly due to the expansion of part-time work and other non-

---

twenty-five working days per year for parents with more than one child. The leave is paid by sickness insurance, not by the employer.

standard employment forms. Various forms of indirect discrimination against part-time work have been challenged in the courts. But the possibility to move from formal equality towards more substantial equality via the courts is limited, not only because of bias in their interpretation, but also because of the division of power. Up to now, one cannot speak of the emergence of a new standard employment relationship at, say, thirty working hours per week as the norm which allows individuals to combine different activities at subsistence level. This would require heavy redistribution and State intervention at a scale which does not seem to interest any of the influential political actors at the moment.

Taking up the question: "Can labour law deliver the goods?", it is no surprise that the answer is in the negative. However, further development of the concept of indirect discrimination to tackle structural discrimination and a feminist critique of the incoherent ideology of separated spheres as contained in statutory provisions and in case law seem to be important elements in crossing the border-lines and fragmentations between subsystems of law. More substantial equality can be realized only through a re-evaluation of women's work, especially childcare. Legislative changes in social security law as well as labour law would have an important role to play in upgrading female times and in recognizing their societal value.

Chapitre IV

L'Égalité professionnelle hors la loi

par Annie Junter-Loiseau

Y. Kravaritou (ed.), The Sex of Labour Law in Europe, 89–102.

Cet article s'inscrit dans un ensemble de travaux consacrés à la construction sexuée du droit du travail en France de la fin du XIXe siècle à nos jours. Il s'attache plus particulièrement à témoigner de l'expérience française de la loi relative à l'égalité professionnelle, à partir des pratiques sociales qui se sont développées autour de sa mise en œuvre. Il soulève un certain nombre de questions sur ce que cet ensemble donne à voir des politiques publiques d'égalité et s'interroge sur la difficulté à construire un droit de l'égalité professionnelle dans nos sociétés contemporaines.

1. *La loi*

On a déjà beaucoup écrit sur la loi française du 13 juillet 1983 relative à l'égalité professionnelle entre les femmes et les hommes[1], en particulier sur le caractère renouvelé de la problématique mise en œuvre, en insistant sur le fait qu'elle se nourrissait aux sources du pragmatisme et de la réalité sociale.

---

1 A. JUNTER-LOISEAU, « La division sexuelle du travail à l'épreuve de la loi du 13 juillet 1983 relative à l'égalité professionnelle entre les hommes et les femmes », *Droit social* (février 1987).— ID., « L'égalité professionnelle entre les femmes et les hommes : droit et pratiques sociales », *Droit social* (janvier 1990).— LANQUETIN, « De l'égalité professionnelle entre les femmes et les hommes. À propos d'un projet de loi », *Droit social*, n° 4 (avril 1983).— J. LAUFER, « Égalité professionnelle, principes et pratiques », *Droit social*, n° 12 (décembre 1984).— SUTTER, « L'égalité professionnelle dans les droits nouveaux », *Droit social*, n° 12 (décembre 1982).

Il s'agissait en effet de promouvoir l'égalité professionnelle entre les femmes et les hommes au moyen de mesures de rattrapage au seul profit des femmes, afin de corriger un équilibre historico-juridique depuis si longtemps rompu. La loi française s'inscrivait dans la ligne de la directive communautaire de 1976[2], dont elle empruntait l'esprit des actions positives et la lettre[3].

La loi du 13 juillet 1983 fut hautement consensuelle. Certes il y eut quelques débats autour d'une possible réforme des dispositions relatives à la protection particulière du travail des femmes (travail de nuit, interdiction d'emploi les jours fériés, travail par relais, repos dominical...). Les esprits étaient sur ce point extrêmement partagés[4]. C'est pourquoi la question fut renvoyée pour examen en commission du Conseil supérieur de l'égalité professionnelle, laquelle remit un rapport dont les conclusions ne furent jamais diffusées, même si elles servirent à l'appui des modifications introduites par la loi du 19 juin 1987 relative au temps de travail et en particulier au travail de nuit des femmes[5].

En ce qui concerne sa configuration, la loi sur l'égalité professionnelle est organisée autour de deux volets : l'un, classique, est consacré à l'égalité des droits. Il améliore les principes de non-discrimination et perfectionne les procédures en cas de recours. L'autre, plus novateur, en conformité avec la directive communautaire du 9 février 1976 introduit une série de mesures pour favoriser l'égalité des chances.

---

2 Directive du Conseil du 9 février 1976 relative à la mise en œuvre du principe de l'égalité de traitement entre hommes et femmes en ce qui concerne l'accès à l'emploi, à la formation et à la promotion professionnelles, et les conditions de travail (75/207/CEE), *JOCE* (14 février 1976) L-39/40 [NDE].

3 La loi n° 83-635 du 13 juillet 1983, art. L-123 et suivants du code du travail, *Journal officiel* (14 juillet 1983).

4 A. JUNTER-LOISEAU, « La division sexuelle des emplois à l'épreuve de la loi du 13 juillet 1983 relative à l'égalité professionnelle », *Droit social,* n° 2 (février 1987).

5 Conseil supérieur de l'égalité professionnelle, commission « Mesures particulières », rapport final (juillet 1985) ministère des Droits des femmes.

La première de ces mesures concerne la remise annuelle par l'employeur au comité d'entreprise d'un rapport sur les situations comparées[6]. Ce rapport doit faire apparaître les positions respectivement occupées par les femmes et les hommes dans l'entreprise, par classifications, qualifications, salaires, conditions de travail.

Les mesures suivantes concernent la possibilité, pour les entreprises qui le souhaiteraient, de conclure avec les organisations syndicales des plans d'égalité professionnelle comportant des mesures de rattrapage au profit des femmes dans le domaine des recrutements, de la formation, des promotions, des classifications, des salaires et des conditions de travail[7].

Les plans font l'objet d'un accord négocié selon les modalités traditionnellement prévues par le droit de la négociation collective ; ils peuvent en cas d'exemplarité de leur contenu au regard de l'égalité professionnelle bénéficier d'une aide financière de l'État.

La caractéristique principale de ce texte réside dans son absence quasi totale de dispositions contraignantes, ce qui a d'ailleurs valu à la France d'être condamnée par la Cour de justice des Communautés européennes à propos de son article 19 sur les avantages particuliers des conventions collectives réservés aux femmes dont la révision n'avait pas été exigée par la loi et alors qu'aucun délai n'avait été fixé aux acteurs sociaux[8].

La loi française ne comporte ni contrainte (obligation de négocier), ni incitation (mesures financières ou exonérations fiscales accordées systématiquement et *a priori*), ni sanction en cas de non-remise du rapport.

---

6 Article 8 de la loi du 13 juillet 1983 déjà citée (art. L-432-3-1 du code du travail).

7 Circulaire du 2 mai 1984, *Journal officiel* (7 juin 1984) p. 1815 ; ce rapport comporte une analyse chiffrée permettant d'apprécier, pour chaque catégorie professionnelle de l'entreprise, la situation respective des hommes et des femmes en matière d'embauche, de formation, de promotion professionnelle, de qualification, de classification, de conditions de travail et de rémunération effective.

8 CJCE, 25 octobre 1988, *Commission des Communautés c. République française*, affaire 312/86, Rec. 1988, p. 6315-6339.

Par conséquent, cette physionomie du texte condamnait les pouvoirs publics à emprunter la voie du volontarisme pour qu'il devienne autre chose qu'un ensemble normatif de type proclamatoire, que de surcroît il se défendait d'être.

C'est ce que fit la ministre Yvette Roudy dont le nom restera indubitablement attaché à la loi. Elle entreprit de solliciter les entreprises publiques et les sociétés nationales en leur qualité de laboratoires d'expérimentation des politiques sociales. Vinrent s'y ajouter quelques entreprises privées attirées par des convergences d'intérêts entre acteurs internes et externes.

Cette mobilisation fut poursuivie par ses successeurs, avec plus ou moins de conviction tant il est difficile pour ceux et celles qui disposent d'un texte aussi marqué par la personnalité de son auteure d'en assurer l'héritage. La mise en œuvre s'est traduite, entre 1983 et 1988, par l'adoption de dix-sept plans d'égalité professionnelle.

Il est aujourd'hui possible de s'accorder sur le chiffre de vingt-cinq. Et il semble qu'il n'y ait désormais plus de négociation en cours ; à dire le vrai les pouvoirs publics semblent avoir complètement renoncé à porter ce texte. Le secrétariat d'État aux Droits des femmes a publié un ouvrage dans lequel il est fait état de l'échec de cette loi et de la nécessité pour mieux vendre l'égalité professionnelle de renoncer au concept d'égalité pour le remplacer par celui de mixité professionnelle qui serait « plus porteur » auprès des entreprises[9].

À partir du moment où le dispositif reposait complètement sur la volonté et la capacité des acteurs à s'y engager, il était évident, d'une part, qu'il y aurait peu de candidats (ce que les pouvoirs publics avaient complètement sous-estimé en annonçant cent plans d'égalité dès la première année !) et, d'autre part, cela conduisait à privilégier comme cible les dirigeants d'entreprise. Or, il était manifeste que les

---

9 Secrétariat d'État chargé des Droits des femmes, *L'emploi au féminin : pour une méthode de la mixité professionnelle*, rapport rédigé par G. TOUTAIN, Paris: Documentation française (1992).

arguments qui allaient devoir être utilisés auprès de ces metteurs en œuvre de la loi ne pouvaient être que de nature économique.

On devait alors assister à ce que les analyses de politiques publiques appellent un glissement de référentiel : l'objectif d'émancipation des femmes dans la sphère professionnelle disparaît derrière celui de la valorisation des ressources humaines, la référence à l'égalité professionnelle s'efface au profit de celle du capital humain[10].

La question qui se pose alors est celle de savoir si ce glissement de référentiel est une stratégie au service de la mise en œuvre de la loi (sorte de « *marketing* » de la loi) ou s'il traduit un renoncement à la problématique de l'égalité ?

2. *Des pratiques sociales*

Si l'on s'en tient à mesurer les résultats produits par les plans à l'aune du nombre de femmes concernées, le bilan est vite fait tant les effectifs féminins bénéficiaires des mesures de rattrapage ont été faibles (moins de 7 % des effectifs).

L'intérêt de ces expérimentations réside dans ce qu'elles donnent à voir des processus et des structures développés par les acteurs à l'issue de la mise en œuvre des plans, ainsi que l'analyse qu'elles permettent de construire en retour sur l'approche des rapports sociaux de genre à l'intérieur des entreprises.

De ce point de vue, l'évaluation[11] a mis en évidence qu'il n'existait pas de modèle dans la conduite des plans mais une mosaïque de situations résultant : du statut qu'a occupé le plan dans l'entreprise en

10 L. CHARPENTIER, *Le dilemme de l'action positive ; analyse du concept à travers les débats parlementaires relatifs à la loi sur l'égalité professionnelle entre les femmes et les hommes*, EUI Working Papers in Political and Social Sciences, Florence: Institut universitaire européen (juin 1993).

11 A. JUNTER-LOISEAU, G. DONIOL-SHAW, V. GENESTET *et al.*, *Les plans d'égalité professionnelle – Étude-bilan : 1983-1988*, Paris: La Documentation française (1989).

question ; des logiques qui ont animé les acteurs agissants (impliqués ou destinataires) ; de la nature des mesures effectivement retenues ; des intentions affichées, attendues et produites ; de l'existence, ou de l'absence, de suivi à leur issue.

Bien sûr, il résulte de cette observation un certain nombre de constantes au terme desquelles il apparaît :

— Qu'un plan d'égalité professionnelle a d'autant plus de chances d'émerger qu'il existe une forte congruence entre les besoins patents ou latents de l'entreprise. Il peut s'agir de la nécessité de gérer une main d'œuvre féminine pour réussir des stratégies ou résorber des contraintes et répondre aux aspirations de quelques femmes à progresser dans leur emploi.

De la première condition dépend la capacité de l'entreprise à valoriser les nouvelles ressources acquises par les femmes dans le cadre du plan ; de la seconde résulte la volonté des femmes à s'engager dans un processus dont, pourtant, il faut bien reconnaître que les tenants et les aboutissants ne leur ont pas toujours été clairement énoncés.

— Qu'un plan d'égalité est le résultat d'une convergence d'intérêts entre acteurs externes et internes aux entreprises qui saisissent dans cette démarche des occasions d'agir ensemble.

Parmi les acteurs dont la présence paraît être déterminante pour la conclusion d'un plan, il faut noter : des cadres convaincus (responsables des ressources humaines ou de la formation), des dirigeants non hostiles, des organismes de formation intéressés, des syndicalistes plus ou moins participatifs, des femmes volontaires ayant des compétences sous-utilisées par les entreprises et des représentants des pouvoirs publics porteurs de la légitimité de l'opération et garants d'un soutien financier.

— Qu'un plan d'égalité professionnelle consiste essentiellement en une série de dispositifs de formation dont l'intentionnalité affichée par les entreprises peut varier de la qualification des femmes à leur adaptation aux modifications que connaît ou va connaître l'entreprise, en passant par leur développement personnel à des fins d'occupation éventuelle de postes ou fonctions de responsabilité.

— Qu'un plan d'égalité nécessite de dix-huit mois à deux ans de négociations avant d'être signé et mis en œuvre et qu'il s'applique à de petits groupes de bénéficiaires sélectionnées parmi un grand nombre de volontaires. Le tri a fréquemment été opéré par les organismes de formation sur des critères de motivation plus académiques que pratiques.

Les impacts de ces plans sur la condition des femmes dans les entreprises sont peu perceptibles sous l'angle des modifications apportées à leurs conditions d'emploi ou en terme de réduction des écarts les séparant des hommes. Ils apparaissent surtout à travers le changement qui, à leur issue, semble affecter les représentations de l'emploi féminin dans l'organisation.

Les effets socialement les plus marqués paraissent effectivement se situer sur le terrain de la visibilité professionnelle des femmes. Tout semble se passer comme si à la faveur de l'engagement de l'entreprise dans le plan, s'opérait une internalisation du questionnement sur la production des différences constatées. Ce processus favorise la perception des femmes en tant que professionnelles à part entière et non plus uniquement à travers le spectre de la conjugalité et de la maternité et leur cortège de représentations sur le comportement professionnel des femmes.

Au bout du compte, il apparaît que la démarche ne produit pas en elle-même le changement social attendu, c'est-à-dire la réduction des écarts entre les positions professionnelles des femmes et des hommes, mais, en rendant les femmes visibles, elle semble néanmoins participer à l'avancée du principe de réalité sur les stéréotypes.

Cependant, deux questions restent à éclaircir. Tout d'abord, il s'agit de savoir si nous sommes là en présence des effets induits par l'engagement des femmes dans des processus de formation ou s'il s'agit d'un effet produit par le plan d'égalité, dans la mesure où les deux ont été étroitement mêlés. D'autre part, on peut se demander si cette visibilité peut, dans les lieux où elle s'est opérée, conduire au développement exponentiel de mesures de rattrapage à leur profit qui se traduirait, cette fois, par la résorption des écarts ? [12]

3. Les politiques publiques d'égalité des chances [13]

Pour pouvoir répondre à ces questions il aurait fallu que les plans quittent le champ clos de l'expérimentation sociale et s'engagent vers l'intégration totale dans les stratégies des entreprises avec, si besoin était, le concours des pouvoirs publics dans le cadre de politiques affichées d'égalité des chances entre les hommes et les femmes face au travail. Or, comme indiqué précédemment, ce ne fut pas le cas.

Le soutien gouvernemental à l'égalité professionnelle, sans être complètement décisif, n'est pas, compte tenu du système de régulation sociale et du rôle qui y est tenu par l'État en France, indifférent au développement des plans d'égalité dans les entreprises publiques ou privées. À cet égard, la démarche de type volontariste initiée entre 1983 et 1986 est particulièrement significative.

Or, la position des pouvoirs publics sur le sujet témoigne d'un certain embarras. Le secrétariat d'État chargé des Droits des femmes a même envisagé de remplacer l'aide aux plans d'égalité par des contrats moraux avant de conclure récemment à la nécessité de substituer une « méthode de la mixité professionnelle » [14] à l'égalité professionnelle.

---

12 J. LAUFER, *L'entreprise et l'égalité des chances : enjeux et démarches,* Paris: Documentation française, coll. « Droits des femmes » (1992) p. 27 et suiv.

13 Ces réflexions sur les politiques publiques d'égalité des chances sont nées à l'occasion d'une évaluation effectuée pour le CEDEFOP sur « les programmes de formation pour les femmes en entreprise », rapport non publié, CEDEFOP (1990).

14 Secrétariat d'État chargé des Droits des femmes, rapport déjà cité, *supra,* note 8, en particulier p. 75 et suiv.

Les pouvoirs publics semblent en permanence osciller entre le maintien au profit des femmes de politiques spécifiques de l'emploi et leur intégration dans les politiques générales asexuées. Une ambivalence dont pâtissent les plans d'égalité professionnelle.

À l'appui de la stratégie d'intégration, les pouvoirs publics semblent épouser une opinion communément admise selon laquelle la croissance des taux d'activité féminine devrait, à terme, s'accompagner d'un changement social profond dans la position occupée par les femmes dans la société professionnelle.

Sans nier totalement la validité de cette hypothèse, celle-ci paraît largement sous-estimer l'ancrage de la division sexuelle du travail ainsi que ses mécanismes de reproduction. Elle est, par ailleurs, complètement démentie par les données sur l'emploi, lesquelles font apparaître la position plus basse occupée par les femmes en terme de conditions d'emploi [15].

Par ailleurs, les politiques spécifiques d'égalité entre les sexes souffrent de l'anathème jeté par le corps social sur tout ce qui pourrait de près ou de loin s'apparenter à une démarche féministe. Dans ce contexte, le référentiel égalité n'est plus assez fort pour mobiliser ou constituer le moteur de l'action. Dès lors, la dénonciation des inégalités devient suspecte y compris, parfois, aux yeux des femmes elles-mêmes.

Pour autant, les mêmes pouvoirs publics sont aujourd'hui confrontés à la résistance qu'oppose l'emploi, ou le non-emploi, des femmes au traitement général mis en œuvre dans le cadre des politiques de lutte contre le chômage. Une résistance qui les conduit à afficher l'objectif d'égalité professionnelle dans tous les dispositifs : plans-emplois, aide à la modernisation négociée, contrats de plan État-Région, développement de la formation...

Au-delà du caractère traditionnellement discursif des politiques publiques, il faut y voir la marque des contradictions auxquelles se trouve confronté l'État. Il doit, d'une part, construire des réponses

15 *Les femmes,* INSEE, coll. « Contours et Caractères »(1991) p. 93 et suiv.

spécifiques aux femmes face à la résistance opposée par les formules traditionnelles et, d'autre part, composer avec le recul du référentiel « féministe ».

L'hypothèse que nous voudrions suggérer à cet endroit est que pour sortir de cette contradiction apparente les pouvoirs publics sont conduits à fondre le référentiel égalité professionnelle entre les hommes et les femmes dans les référentiels dominants dans la société française d'aujourd'hui, à savoir l'entreprise et la gestion des ressources humaines.

En réalité, tout se passe comme si les mesures de rattrapage au profit des femmes dans la sphère professionnelle, pour survivre en tant que telles, devaient endosser les habits de la valorisation des potentiels et du capital humains plutôt que celui des stratégies égalitaires même qualifiées d'actions positives, comme y invite l'Union européenne[16].

Quel prix les actions positives paieront-elles pour ce glissement de référentiel ?

Faut-il y voir les prémices d'un changement social ou un nouveau « *look* » de la division sexuelle du travail ?

Au-delà de ces réflexions sur les politiques publiques d'égalité, ce qui paraît fondamentalement en cause c'est la capacité de nos sociétés contemporaines à construire un droit de l'égalité professionnelle.

4. Questions à propos du droit de l'égalité professionnelle

L'inscription des lois sur l'égalité professionnelle dans des droits du travail dont les constructions ont été et sont sexuées les conduit

16 Recommandation du Conseil du 13 décembre 1984 « relative à la promotion des actions positives en faveur des femmes », *JOCE* (19 décembre 1984) L-331/34.

à des concessions sur le plan des contraintes et des sanctions dont elles devraient être assorties.

Ainsi en France l'introduction de la loi sur l'égalité professionnelle dans le code du travail en 1983 s'est faite sans discussion, ni perspective critique, sur sa compatibilité avec une construction sexuée datant de la loi du 2 novembre 1892 dont le but essentiel était de protéger les fonctions sociales d'épouse et de mère. Il s'agissait alors d'assurer une connexité juridique entre l'incapacité civile, civique et professionnelle des femmes, plus que de leur reconnaître un droit au travail[17].

Ces fondements n'ayant jamais été revisités, ni accompagnés d'un véritable débat social, cela condamne la mise en œuvre des actions positives à devenir extrêmement dépendante des logiques d'acteurs.

Or, en France, c'est précisément là que réside le problème : l'acteur public est défaillant, l'acteur syndical est affaibli et l'égalité professionnelle n'est pas une de ses priorités. Les entreprises considèrent cette préoccupation comme une question exogène et marginale par rapport à leurs préoccupations économiques. Les femmes sont absorbées par leurs efforts d'intégration dans l'emploi et le déploiement de l'égalité formelle leur donne à penser que la mixité professionnelle serait atteinte.

Les hommes, en particulier ceux exerçant des responsabilités, sont tout à fait prêts à convenir de la nécessaire promotion des femmes actives, tout en considérant que l'égalité professionnelle entre eux et leurs homologues féminins s'accommode d'un certain degré de différences dont on ne saurait prétendre qu'il est discriminatoire.

Dans ce contexte quel rôle peut jouer le droit du travail et quel contenu lui donner pour garantir une certaine effectivité ?

---

17 A. JUNTER-LOISEAU, *La condition juridique de la femmes au travail,* thèse de doctorat d'État en droit privé, université de Rennes, faculté des Sciences juridiques (1981) 1re partie.

Le droit formel a montré ses limites, l'adoption des actions positives repose sur des logiques d'acteurs difficiles à mettre en œuvre et suppose des démarches plus centrées sur leur légitimation que sur la production de résultats.

Reste le recours à la contrainte et l'organisation de sanctions, mais cela supposerait que les femmes acceptent de s'en prévaloir.

Il apparaît donc que la problématique de l'égalité professionnelle est trop à l'étroit dans le droit du travail et qu'il convient de distinguer deux niveaux :

— Celui, d'une part, de la recherche des moyens juridiques susceptibles de garantir la parité professionnelle entre les hommes et les femmes dans les lieux de travail publics et privés. Tous les instruments juridiques classiques ou modernes du droit du travail paraissent à cet endroit mobilisables : les lois antidiscriminatoires, les actions positives... Notons toutefois que l'obligation de parité professionnelle a d'autant plus de chances d'aboutir qu'elle s'appuiera sur des normes décentralisées (du type conventions collectives ou *social agreements*), négociées au plus près des femmes participant à égalité de pouvoirs aux négociations.

— Et d'autre part, celui de la prise en compte par toutes les branches du droit de l'exigence fondamentale d'égalité entre les hommes et les femmes dans tous les domaines. Cette approche ne concerne plus le seul droit du travail, elle conduit à aborder les problèmes en termes de norme supérieure capable d'une forte transversalité. Le droit social communautaire apporte un début de réponse à travers les directives consacrées à l'égalité de traitement, mais leur transposition se heurte à des cadres juridiques nationaux trop étriqués et à des conceptions formelles de l'égalité historiquement datées qui s'accommodent mal des actions positives [18].

---

18 É. VOGEL-POLSKY, *Études des programmes d'actions positives en tant que stratégies destinées à intégrer les travailleurs féminins et d'autres groupes minorisés dans le marché du travail*, V/30/84-FR (novembre 1982). – ID., « Les programmes d'actions positive en faveur des femmes : analyse théorique », *Revue internationale du travail*, vol. 124, n° 3 (mai-juin 1985).

Chapter V

Gender Difference and Labour Law in Italy

by Franca Borgogelli

Y. Kravaritou (ed.), The Sex of Labour Law in Europe, 103–119.

1. *Gender Difference and the Principle of Equality: Conflict or Convergence?*

Female 'difference' as a condition of disadvantage to be removed, female 'difference' as a specificity to be defended: an antinomy which underlies two opposing models of legislative intervention or a twin-fold way of expressing the means with which one may pursue a single goal, that of guaranteeing to women an equal right to be different?

This is one of the central questions to be confronted when looking at the legal discipline of female employment. However, to respond to this question, it is not sufficient to make a legal policy choice based on a politico-philosophical evaluation of the factual situation, and of the opportunities for change. It is also necessary to confront the problem of the legal compatibility of the answer one gives. And thus, a further requirement is reflection on another pair of concepts—the principle of formal equality and the principle of substantive equality; the guarantee of freedom of choice for the individual and the protection of the group to which she or he belongs—and on the interrelations which link the components of each set of concepts: antinomy, mutual exclusion, or rather combination?

In other words, the answer to this initial question is dependent upon the consideration of two questions which run through the history of labour law and underlie its rationality and its very existence.[1] The first of these concerns the relationship between formal equality (which requires treating in the same way individuals or groups without taking into consideration the difference of sex, race, language, religion...) and the principle of substantive equality, which, in attributing relevance to the differences which exist between certain categories of individuals because of their belonging to a particular group (whether it be racial, linguistic or religious...) seeks to legitimise an unequal treatment, aimed at re-equalising the differences between groups and the elimination of conditions of disadvantage.

The second question is concerned with the relationship between the demand for equality between groups (and the specific differences of each group) and the protection of the individual right to self-determination and to make real choices.

The present aim is not, however, to develop an analysis of the complete theme.[2] Rather, we simply intend to consider some of the aspects relevant to a reflection on the relationship between labour law and gender difference, and above all, to illustrate the solution selected by the Italian legislature in law no. 125/1991.

The principle of equality may be interpreted in such a way as to allow for deviations from equal rights for all individuals, taking into consideration membership of a nominated group (sex, race, language...) *only* when this is necessary to overcome the conditions of disadvantage which membership of such a group implies. The ulti-

---

1 For the latest on the theme "L'eguaglianza: nozioni e regole. Un dibattito fra giuslavoristi e teorici del diritto", see: GIANFORMAGGIO, "Politica della differenza e principio di eguaglianza: sono veramente incompatibili?", *Lavoro e diritto* (1992) p. 187 *et seq.* ; GUASTINI, "La grammatica di eguaglianza", *Lavoro e diritto* (1992) p. 205 *et seq.* ; SUPIOT, "Principi di eguaglianza e limiti della razionalità giuridica", *Lavoro e diritto* (1992) p. 211 *et seq.* ; BALLESTRERO, "A proposito di eguaglianza e diritto del lavoro", *Lavoro e diritto* (1992) p. 577 *et seq.* ; COMANDUCCI, "Su uguaglianza", *Lavoro e diritto* (1992) p. 589 *et seq.* ; D'ANTONA, "Uguaglianze difficili", *Lavoro e diritto* (1992) p. 597 *et seq.* — See also LYON-CAEN, "L'égalité et la loi en droit du travail", *Droit social* (1990) p. 68 *et seq.*

2 For which, in general, see M. BARBERA, *Discriminazioni ed eguaglianza nel diritto del lavoro,* Milano: Giuffrè Editore (1991).

mate aim—to overcome the conditions of disadvantage deriving from group membership—is pursued by considering difference as something negative in each case: either by treating it as something to be ignored by obliging the law to leave difference out of consideration (formal equality), or by considering it as something to be removed by means of the intervention of substantial equality.

Relating this to difference deriving from gender, the response to our initial question would be in the sense of an antinomy existing between the two concepts, and of the compatibility solely of the former with the principle of equality.

It is possible, nevertheless, to point to a reading of the principle of equality which allows the objective of overcoming the unfavourable conditions flowing from membership of a disadvantaged group to be attained without annulling their differences.

It could thus be maintained that according differential treatment to those belonging to a particular group ('bifurcated law') is legitimised and in certain cases required whenever it is necessary to prevent the members of that group being disadvantaged (in other words, that it is required each time that equal rights would place the members of that group at a disadvantage).

To put this in another way, it is possible to construct a relationship between the principle of formal equality and that of substantive equality not conceptualising them in terms of the rule and its exception (deviations from the equal rights standard being permitted only when, and only within the limits of the standard itself, they are necessary to balance out differences), but in terms of the selection of different instruments which are determined by the need to reach a single goal: to prevent the members of a group sustaining an injury because of the difference or specificity they possess.

It follows that, to preclude membership of a particular gender turning into a disadvantageous condition for women workers, one must first stop considering the female identity as something negative, to be ignored or removed, but rather as a positive element, which should be given its proper (equal) value.

To arrive at such a result, it is necessary to reformulate the employment relationship in such a way that instead of having as its point of reference the neutral (asexual) employee, it will have a sexed employee (who may be male or female).

To be more precise, the employment relationship should be rewritten to take account of female difference-specificity at the time when rules are decreed in order to formulate them in a way adequate to prevent them producing disadvantageous effects for female employees and thus transforming difference into exclusion. It is therefore a question of inverting the traditional relationship between reality and law, and remaking it in such a way that it will be reality that will guide the elaboration of norms.

This reality will be representative of all the elements which characterise the actual condition of women in paid employment: physical, psychological, cultural and socio-economic elements. One must, therefore, take as a starting point for analysis, the actual configuration of female 'difference'. This can give rise to two possible scenarios.

The first is the situation of difference-exclusion. This assumes as a characteristic a subjective weakness which prevents women from obtaining employment, from choosing the work which they prefer, or from carrying out work which is qualitatively satisfying. It is the consequence of the operation of a social, economic and cultural model which deprives women of a free choice in where and in what way they will work. This model includes: inferior or badly-adapted job training linked to poorly selected educational choices imposed by socio-cultural stereotypes; insufficient qualifications stemming from participation in unqualified segregated sectors or tasks, etc.

We are thus dealing with a subjective disadvantage which is intrinsically negative; it is irrelevant that it may be attributed to socio-cultural factors or even to historically discriminatory behaviour on the part of the employer.

In contrast, the second situation defines itself along the axis of difference-specificity. It employs as its referents the state of being female as being linked to biological factors and the incorporation of psychological, cultural and worth related factors (maternity, family, deployment of time in work and in life, methods of conforming to and performing paid work, employment skills...). It is a difference-specificity which is not *a priori* a condition of disadvantage, but which is translated as such when it encounters a mode of work organisation, of working time, of evaluation of work, and of career progression which conforms to a model which does not permit specificity to be taken into account. The consequences of such criteria include: lower chances of work and of career development; higher chances of inferior remuneration linked to constrained availability, both temporally and spatially (geographical mobility); an undervaluing in monetary terms of the heavily feminised job areas; prejudice in terms of seniority and in access to job training due to absences for maternity and caring, etc.

In other words, one is considering all the situations in which a form of regulation, apparently neutral and objective, conforms to a male model, or at the very least, an asexual model which thus has the effect of transforming female specificity into a disadvantage.

If this reconstruction of the condition of female workers is accepted it is possible to respond to our initial inquiry in the sense that one can state that no antinomy exists between exclusionary difference and specificity-difference. In fact, to overcome exclusionary difference signifies the protection of specificity and the guaranteeing to it of freedom of expression; thus, to respect difference-specificity requires preventing it from becoming a cause of exclusion.

The legal regulation of female work must, therefore, articulate itself in such a way as to take into consideration, and regulate in a complementary manner, both of these aspects.

It is necessary for it to sustain its compatibility with the equality principle because the only method of guaranteeing effective equality for working women is that of assuring them equal opportunities and of being willing to conserve their true gender identity.

It remains to be seen whether the protection of gender identity is compatible with the protection of liberty and personal identity, or if, on the contrary, the protection of specificity comes into conflict with the rights of individuals to choose their own identity and to demonstrate their personal capacities and merits (and to be valued for these).

If it is held that there is no incompatibility with the legislative regulation of female employment one lays down as an objective the guaranteeing of equal opportunities of starting conditions, and not the objective of guaranteeing equality of results. The difference between these two normative techniques can in fact be observed. In the case of norms based on the principle of equality of results, the aim of the equal distribution of a good (which will often be a scarce resource) is met by attributing this good directly to women on the presupposition that this result would not be met following the normative technique based on the classical relationship: rule of behaviour (the prohibition of discrimination); the ascertainment of a violation; the sanction. The norm is not thus directed at the removal of obstacles which impede women from pursuing, in conditions of equal opportunity, certain results, but to attribute these results directly to them: the obstacles are not thus removed, but act as the legitimators of a normative treatment differentiated on grounds of sex.

However, even if the equal distribution of a good is based on rules of substantive equality, as opposed to merely formal equality, the fact remains that it is authoritatively activated and is not left to the autonomy of the parties. The positive result is achieved solely by virtue of being a member of the group, without any space being left for individual evaluation.

It might be added that direct intervention to guarantee equality of results (for example, the imposition of quotas) can be utilised to surmount the difficulties linked to the ascertainment of a violation of prohibited discriminations, and can assure the equality of a large (but always circumscribed) group of women; but it will not resolve the problem effectively and permanently because it leaves unchanged the economic, social, cultural and normative model in which the disparity finds its origins.

These can be contrasted with interventions which aim at guaranteeing equal starting conditions and which, in their unfolding, ensure that female workers have freedom of choice in the pursuit of their working objectives. In fact, these interventions have the potential to modify the socio-economic, cultural and normative models which hamper the free and equal presence of women in the world of work, and possess the ability to transform them into models and rules constructed for a working class composed of men and women.

In other words, this normative technique is aimed at the liberation of female employees from the 'cage' formed by social and cultural stereotypes, from criteria of economic evaluation of work, from organisation of work and of working-time which leaves the (scarce) good to be divided (opportunities for employment, the possibility of performing qualitatively satisfying work, fair remuneration) effectively not available for women.

In fact, this is the end pursued by the Italian legislature with the law no. 125 of 1991: the realisation of substantial equality between men and women at work through the removal of the obstacles which, *de facto,* impede the realisation of equal opportunities.[3]

2. *The Response of the Italian Legislature*

Prior to a brief description of the content of the law no. 125 of 10 April 1991: 'Positive actions for the realisation of equality between men and women at work', it is appropriate to recall that the Italian legislation is endorsing the Constitutional principle of equality which makes reference both to the principle of formal equality and to that of substantive equality.

Article 3, first paragraph, of the Constitution in fact lays down the equal dignity and equality of citizens before the law without distinction on grounds of sex, race, language, religion, public opinions, or personal and social conditions. Moreover, it states in addition that:

> It is the duty of the Republic to remove the obstacles of a social and economic nature which, limiting in fact the liberty and

---

3 For an analysis of the law, see: L. GAETA and L. ZOPPOLI (a cura di), *Il diritto diseguale. La legge sulle azioni positive,* Torino: Giappichelli Editore (1992) ; BALLESTRERO and TREU (a cura di), "Azioni positive per la realizzazione della parità uomo-donna", *Le nuove leggi civili commentate* (1994) p. 1431 *et seq.*

> equality of the citizen, prevent the full development of the human being and the effective participation of all workers in the social, political and economic organisation of the country (art. 3, par. 2, Const.).

Article 37 of the Constitution then intervenes directly to guarantee female workers equality of rights and of remuneration with male workers and, in the meantime, it stipulates that working conditions must ensure adequate maternity protection and permit the development of the familial function.

Prior to the passage of law no. 125/1991 the translation of the principle of gender equality in the area of relations between private parties was represented by the prohibition of discrimination, understood as prohibiting the employer from differentiating treatment on the ground of sex (direct discrimination). This was flanked by the norm of maternity protection.[4] The results obtained with this normative system were unsatisfactory.[5] The protective norms, attributing to women a condition of (apparent) privilege, in fact placed them at the margins of the labour market and made them the object of discrimination, both in terms of access to employment and in terms of job classification, insofar as they represented a more expensive and less available source of labour.

The prohibitions of direct discrimination were insufficient to prevent these discriminations, partly because they were endowed with inefficacious sanctionary measures, but above all because they were ill-suited to capture the real dimensions of the disparity between male and female employment.

---

4 See law no. 903/1977 on equal treatment between men and women and law no. 1204/1971 on maternity protection. All of the 'exceptions' to the principle of equal treatment contained in the law no. 903/1977 were reducible to the protection of the familial function and of maternity.

5 See BORGOGELLI, "Il lavoro femminile nel contesto italiano: tra panorama giuridico-istituzionale e azione contrattuale", *Prospettive sindacale*, no. 72 (1989) p. 71 *et seq.* and ID., "Aktuelle Rechtsfragen der Frauenarbeit in Italien", *Das Recht der Arbeit*, (1991) no. 6, p. 489 *et seq.*

Law no. 125/1991 lays down as its objective the guaranteeing of 'equal opportunities' *of* work and *in* work and it articulates its agenda of intervention on three levels: the regulation of the employment relationship, which it calls upon to have a structure capable of embracing the diversities of gender and to permit these to be expressed without transforming them into conditions of disadvantage; the situations of subjective weakness of female employees, and those actions promoting their removal; the socio-economic and cultural structure which produces discrimination and that which promotes its modification in an egalitarian manner.

With regard to the area pertaining to the regulation of the employment relationship, the employers and the norms flowing from collective agreements are bound to respect not only the prohibition of direct discrimination, but also that of indirect discrimination. The inclusion of indirectness in the notion of discrimination opens the way for the characteristic element of such a discrimination to be that of the objective disadvantage on grounds of sex which may flow not only from acts or behaviour which directly make sex a ground of difference, but also from uniform treatment, apparently neutral, which the actual characteristics of the two sexes (differences-specificity) render proportionately more disadvantageous for one. [6]

In the case of indirect discrimination, because it concerns an illegal act, it is therefore necessary that the act or the behaviour does not have reasonable motives for its existence connected with the interests of the enterprise which can stand up in court. The presence of an effect proportionately more disadvantageous for men or for women, which may be deduced from statistical data, gives the act (or the behaviour) a *presumption* of illegality; it is up to the defendant to demonstrate its legitimacy by proving that the choice was not only logical and rational but also inevitable.

The rules and types of behaviour which guide hiring, the remunerative system, the assignment of tasks and qualifications, transfers,

---

6 See BALLESTRERO, "La nozione di discriminazione nella legge n° 125/91", *Rivista critica del diritto del lavoro* (1992) p. 773 *et seq.*

career progression, and dismissals are all thus placed under a penetrating control with regard to the effects that they can produce with respect to gender difference. They must be modified when it is proven that they produce indirectly discriminatory effects and are not 'essential' to the development of employment activities.

The protection against collective discrimination should moreover be underlined: acts and behaviours of a collective nature having a directly or an indirectly discriminatory effect can be legally challenged, even when they do not have an immediate effect on employees injured by such a discrimination. This signifies that treatments come to be considered as abstract rules or provisions, leaving aside the concretely noted prejudicial effect. In other words, it is necessary that there is an injury, but this is understood as a generic prejudice rather than as an attack on an individual right.[7]

Using this provision, both discrimination coming from collective agreements (for example, criteria which privilege in a direct or indirect manner men in participation in occupational training courses, in promotion, in the wage system, in the choice of workers for redundancies) and discrimination which has not been individually declared (for example, hiring through a competition which adopts discriminatory criteria) can be challenged. Owing to the delicacy and complexity of the interests in play and of the involvement of union interests, not to mention the consequence of probable conflicts between workers, the legislator in this case wished to regulate this area by means of a public action. The possibility of bringing a judicial enforcement action is in fact given to a public organ, the 'regional equality councillors' (whose roles are discussed *infra*).

To guarantee the effectivity of judicial action, it is provided that the judge who ascertains a collective discrimination will order the employer to draw up a plan to remove the ascertained discrimination. The employer must consult the unions and the equality councillor. The law thus seeks a solution which primarily will remove the discrimination and re-

---

7 See DE ANGELIS, "Profili della tutela processuale contro le discriminazioni tra lavoratori et lavoratrici", *Rivista italiana di diritto del lavoro*, I (1992) p. 457 *et seq.*

form the relevant rules, but which will also reinstate the equality violated by the discrimination. It is thus maintained by some commentators that this is in fact a type of obligatory positive action (the plan could imply the engagement or promotion of a certain number of women to compensate for the illegitimate exclusion previously practiced). Such a qualification is doubtful, as what is being discussed here is the reparation of the effects of an illegal conduct which has been judicially ascertained; the interpretation is nonetheless controversial.

The situation could arise where indirectly discriminatory rules and behaviours are held to be legally valid because they are fitting and necessary to meet the enterprise's objectives. The prevailing of the enterprise's reasons does not mean the renunciation of efforts to realise equality: the legislator who could not go as far as to lay down obligations or sanctions has instead promoted the autonomous and voluntary modification of such rules through positive action measures.

Law no. 125 in fact contains a precise definition of 'positive actions for women', those measures directed at the removal of the obstacles which, in fact, impede the realisation of equal opportunities.

The declaration of the legitimacy of these positive actions is accompanied by financial support provided by the State. The law defines the subjects, the procedures and even the specific scope. Within its scope, the following is expressly indicated:

> To eliminate conditions and systems of organising and distributing work which give rise to different effects, depending on the gender of the worker, thereby prejudicing them with regard to training and occupational and career advancement, as well as in terms of economic and wage conditions (art. 1, par. 2).

Secondly, positive actions are the method designed for intervening in the subjective situation of women, to remove disadvantageous situations and to prevent their perpetuation. In particular, the law wishes to encourage the diversification of job choices, job training, access to autonomous or entrepreneurial work. Finally, through positive action it intends, likewise, to promote the modification of external structures, of the educational and training systems, the organisation of work and of working time, and of cultural models, for example for the repartitioning of family and employment responsibilities between the two sexes.

Thus, in a more general manner, one can say that positive actions are direct measures to promote the modification of structural or superstructural rules which are incompatible with the principle of equality in as much as they take on the form of an impediment in the path of women towards and within working life and in that they determine an inequality of chances which is for them detrimental.

In as much as this concerns the normative model to which positive actions may refer themselves, this becomes individualised in the promotional norm, which, entrusting to the other interested parties the concrete regulation, limits itself to indicating the end and verifying whether this end is in fact pursued, thus developing for itself a permissive and incentive-providing role. This would seem to be the legal technique best adapted to regulating the problem of occupational equality between men and women.

Let us consider the three methods of regulating the employment relations of men and women: the guarantee of subjective situations in an abstract and formal manner (prohibitions of discrimination); the direct distribution of resources (positive action agreements as guarantees of results); the solicitation and guiding towards a modified autonomy of the distributive rules (the notion of positive action accepted by the Italian legislature). Only the third normative model seems capable of formalising the social aspects without claiming to regulate them in a comprehensive manner. It thus guarantees simultaneously respect for equality and for individual choices. One might add that this also appears to be the direction most coherent with the actual tendency of the legal system towards a lightening of the use of the direct regulatory function and the consequent 'juridification' of behaviour, combined with greater recourse to articulated forms of intervention, of an incentive or reward providing nature, even if this still includes a strong involvement of the administrative structure. [8]

---

8 See GIUGNI, "Giuridificazione e deregolazione nel diritto del lavoro italiano", *Giornale del diritto del lavoro e delle relazioni industriali*, no. 30 (1986) p. 317 *et seq.*

The fact that the concrete individuation of specific objectives and of the contents of programmes is left to the social partners, and that therefore we are not dealing so much with regulation as with legitimation and an invitation to auto-regulate, does not rob this intervention technique of its legal nature. In reality, one must always evaluate the correspondence of the specific objectives with the programmes, both those envisaged and those which have been carried out in view of the general end indicated by the legislature.

The typology of the subjects is also of significance, whether it be those which must be activated to realise the ends indicated by the law, or those which lead to enhancing them. These are multiplied and attach themselves to diverse structures; their reciprocal relationship is not only not conflictual, but is determinant of a kind of circularity and interdependence in diverse spheres. Thus, for example, women are the subjects who can draw benefit from positive action programmes, but they are also, for the larger part, the active protagonists. The employers, beyond their role as those being primarily responsible for the modification of the organisation and conditions of work, of the criteria of access to the higher qualified jobs and to levels of greater responsibility, are also a group who may obtain benefit from the consequently higher qualified female personnel and better utilisation of human resources. Furthermore, male employees, apparently outside or disadvantaged by direct interventions to improve the employment conditions of women, can also benefit from a reform of the organisation of work which gives more space to personal requirements and 'specificity'.

Turning to the question of the interdependence of diverse sectors, positive actions assume the character of a programme involving a plurality of responsibilities and competences. For example, positive actions in work-places can request the co-ordinated external intervention of external objects (job orientation and training centres, organs regulating the labour market, public services, etc.). In a complementary fashion, direct programmes to favour female job diversification including educational orientation and training methods to produce concrete and permanent results can benefit from a specific connection with employment reality (for example, hiring programmes).

It can thus be noted that the law no. 125/1991, whether it utilises for the realisation of its objectives repressive instruments or promotional instruments, it employs them within the context of a complementary relationship.

In fact, the legislator seems to invite management to become involved in bargaining to tackle the complex problems of female employment. However, it seems also to be aware of the fact that such a path can be taken only if, at the same time, the legislation is capable of guaranteeing effectively and efficaciously respect for the principle of non-discrimination.

The regulation of administrative organs, set up to oversee the promotion and the control of respect for the equality principle, would also appear to be oriented in a similar sense. In particular, we are referring to the 'National Committee for the attainment of equal treatment and equal opportunities between male and female workers'. Representatives of all various affected groups make up this committee [9] together with some experts, and other diverse interest groups with conflicting interests. This is necessary, above all, for the task of bringing together diverse expectations, of confronting them with each other, of mediating between them, and thus developing a role of promotion and of general direction, particularly with regard to positive action. However, the most important and incisive operational tasks, whether they concern promotional or repressive aspects, are those which are entrusted to decentralised and diffuse organs, the 'equality councillors'.

These subjects, who possess a very detailed awareness of the factual situation (they are the recipients of precise information on the qualitative composition of the labour force both at enterprise level and at labour market level and have powers of inspection and control), can choose the most suitable type of intervention to resolve the

9 The following groups are members with voting rights on the Committee: trade unions, employers' organisations and feminist movements and associations. To these groups have been added, but without voting rights, experts in legal, sociological and economic areas, representatives of the public administration and of various organs which manage the labour market.

equality problem having regard to both the promotion of employment and to the regulation of the employment relationship. They may intervene, if necessary, to promote legal action, but are encouraged to favour instead, in as much as it is possible, concerted solutions (positive actions) in collaboration with the other various organs concerned.

It can thus be submitted that the Italian law has realised a system of norms capable of constructing a positive relationship between the principle of equality and gender difference in the employment sphere. Nevertheless, this affirmation is being made solely with reference to the theoretical model, there having been as yet no adequate confirmation in reality.[10]

Above all, the law will be tested and measured by virtue of its capacity to realise its objectives faced with the grave economic and employment crises which Italy is experiencing and the tendency towards flexibilisation of the employment relationship. It is not a matter of being opposed to flexibilisation, but of ensuring that reforms to labour law and union relations, necessary to tackle and manage the economic crisis, are elaborated taking into account male and female workers so as to guarantee them both equal opportunities.

(Translated from Italian by Claire Kilpatrick)

---

10 The initial results have been, if anything disappointing, but for reasons which are unconnected to the technical limits of the substantial and procedural mechanisms. Some organisational deficiencies in the administrative structure and delays in the nomination of equality councillors have produced negative effects. A certain attitude of weariness and pessimism on the part of women has also been noted. After their commitment to elaborating and approving the law they have found themselves constrained to then committing themselves to filling in the gaps in the law, singling out the applicable parts, and attempting to favour a social consensus without neglecting the path of conflict when this is deemed to be necessary. Hence, we are speaking of difficulties, which, nevertheless, we would argue can be surmounted, and which leave unaltered our positive judgment on the technical norms.

Chapter VI

Labour Law's Subject: A Hidden Agender?

by Katherine O'Donovan

Y. Kravaritou (ed.), The Sex of Labour Law in Europe, 121–137.

The assertion that all citizens are "equal under the law" is taken as fundamental in the modern liberal State. Equality under law is explained as persons being equally subject to law. Subjection to law contains the idea of coercion, but also the idea of being law's subjects. But are all citizens equally law's subjects? This paper argues that the answer is no. The paper proposes that law's method of subjecting citizens to its coercive force necessarily precludes equality under the law. Taking labour law as an example, the purpose of the paper is to explain how legal methodology constructs legal subjects, and in so doing silences and excludes actual human persons. Thus the fundamental principle of equality before the law is violated. It is a paradox that law sets out with equality as a goal, to be achieved through universality, but succeeds only in creating or perpetuating inequality.

I shall support my argument with reference to law-making in England. The two major methods are legislation by Parliament, and precedents laid down by the judges in giving judgements in court. Examination of debates in Parliament reveals that the members use individual examples to illustrate their speeches for or against proposed legislation. This inevitably involves a construction of the figure used as example. As the methodology used by the English judiciary within the common law system involves reasoning from the particular to the general, reported cases also contain a construction of the parties.

An example can be taken from a case where a woman of twenty-three brought an action against her employers under the Sex

Discrimination Act,[1] 1975. The complainant was prohibited from carrying out her job as a lorry driver under circumstances in which a man would have been permitted to work. The load that the lorry carried was DMF (dimethylformamide), a chemical risky to the human reproductive system. There are particular risks of sterility and to a foetus inside a pregnant woman. The lorry driver was willing to accept the risks of working with the chemical and to indemnify her employers against risk, but was not permitted to do so. In making a finding that there was no discrimination the Employment Appeals Tribunal (EAT) held that there was a statutory duty on the employers to ensure the health, safety and welfare of their employees. Therefore a distinction between men and women was justified, as the risks were greater for women, particularly pregnant women.

From a constructivist point of view the following emerges: the complainant is constructed as a gendered being and not as a universal being; although she, individually, declared herself to be divorced and not to want children, she is nevertheless constructed as belonging to the general class of women; the interests of women in general and unborn children are conflated in such a way that women employees (up to a certain age?) are constructed as potentially pregnant.

The construction of employees as gendered may be necessary, for example when they are pregnant. But it does create difficulties for those who hold a universalist position. The placing of all women together in a class overlooks the obvious fact that not all share the same interests and needs, and not all are at the same stage in the life-cycle. The complainant lorry driver in *Page* stated that she knew the dangers associated with a chemical load, but wished to accept them. The EAT said:

> We accept that the individual's wishes may be a factor to be looked at, although, in our judgment, where the risk is to a woman of sterility, or to the foetus, whether actually in existence, or likely to come into existence in the future, these wishes cannot be a conclusive factor.

---

1 *Page* v. *Freight Hire (Tank Hanlage Ltd)* [1981] Industrial Case Reports 968.

Thus the employers' judgement of the woman's best interests was substituted for her own: she having been classified as gendered, and subject to a particular health and safety regime. But is it inevitable that gender is the aspect of employees on which labour law should focus? It will be argued that gender is relevant in some circumstances, but not in all.

With a different starting point, derived from ideas of citizenship and community of persons, we may be able to reconstruct a labour law less dominated by gender. But we are also challenged by the issue of the construction of the subjects of labour law, whether the approach is from the particular to the general or from the general to the particular. Thus the paper discusses constructivism as method, the reconstructed subject and the application of these ideas to labour law.

1. *Method*

In asking questions of the subjects of labour law the methodology adopted is one of constructivism, familiar from political philosophy. In that approach, questions asked about the 'self' are at the heart of views of how things ought to be. This involves discussion of an idealised vision of society. Nevertheless it provides a method to arrive at a standard whereby we can critique current methods and constructed legal subjects.

Justification of law or political arrangements is also part of the method of political philosophy. A critique of law which puts in question the justification for specific provisions, or a general approach, requires constructivism. An appropriate starting point is to ask what is the appropriate conception of the self, or of the person, from which we should proceed?

Constructivism is not confined to looking at particular selves, the "hidden agenders" of philosophy and law. It also relates to how practical everyday workplace problems are constructed. It is a method which asks questions about method. Take, for example, sexual harassment. In English, Scots and American law this is constructed as a matter of sex discrimination and not as a tort. What this means is that if the court is satisfied that a man would be harassed under similar circumstances to those experienced by the plaintiff-woman, there is no finding of sex discrimination and therefore no remedy. Furthermore, there is no legal statement that what happened was wrong.[2] Yet surely what we want is a statement that this is a wrong (tort) because it offends against the respect for persons which is protected.

Another example of legal constructivism is labour law's approach to the pregnant worker. In English law she is said to be suffering from an illness or disability and therefore comparable to a man with a similar condition;[3] or to have a problem which can be answered by social security legislation (maternity pay); or her pregnancy is constructed as a matter of health and safety (Employment Protection Consolidation Act, 1978, s. 31[A]). The European Court of Justice has constructed discrimination in the recruitment or dismissal of pregnant workers as direct discrimination, and refuted the English idea that comparability with a man is necessary (*Dekker* case).

The point of this discussion of method is to show how the constructivism used by political philosophers to create an ideal standard which can be justified in theory is mirrored by the actuality of the legal construction of subjects, issues, definitions.

2. *Substance*

Readers may legitimately ask: "Well, how would you construct pregnancy and maternity?" A starting point is the statement that selves are embodied. By this I mean that selves are real persons with goals and social contexts. Pregnancy and maternity are events in the life-cycle of the majority of women, and are in no way unusual or abnormal. Such life-cycle normalities are not to be constructed as pri-

2 J. CONAGHAN and W. MANSELL, *The Wrongs of Torts*, London: Pluto Press (1993).

3 *Hayes* v. *Malleable Working Men's Club* [1985] Industrial Cases Reports 703.

vate affairs of the woman and her family, but are for the good of the community as a whole. From these statements policy consequences can be deduced, which acknowledge ideas of citizenship and community. An appropriate construction of selves, and policies recognising this construction must then be attempted. But before this can happen other matters must be considered. These concern a critique of English labour law as it now is.

Critique of Current Law

Current labour law when it talks of collectivities or the good of a particular workforce as a whole, does not perceive women as part of that collectivity. The model it operates on is of the male worker who supports a family. Although this is changing, labour law has not adapted to workers with family responsibilities, other than the provision of financial maintenance. Even where women are predominant in particular trade unions, for example as service workers, they are seen only in snapshot pictures. In other words they are not perceived as persons with life-cycles, including pregnancy, maternity, care of children. Such snapshots are easily taken given the nature of labour market participation by many women, removed from view by maternity and childcare. Women in the first stages of motherhood are out of sight and therefore invisible. When women are visible it is predominantly as free persons whose family responsibilities are hidden. This applies to women as full-time and as part-time workers. The point is that the male full-time worker remains the model.

The conjunction of family law and labour law, traditionally ignored by lawyers, may yield fruit in the development of a critique. Despite the community implied in the notion of family, family law does operate on individual subjects. The feminist critique is of the liberal division of the world into public and private spheres, with a defined and limited public sphere as appropriate for the enforcement of justice, while the State, through family law, leaves relations and distributions in the private sphere untouched.[4] The point here is, however, that when family law does operate in its limited fashion, it operates on individuals. Therefore women are recognised as gendered legal subjects. For labour law, in its collective aspects, such recognition has yet to come.

It is true that the individual rights aspect of labour law has grown, since the United Kingdom became a member of the European Community. It is to this that we now turn to ask whether the individualist aspects of labour law give women the visibility denied to them in its collective aspects.

Individualist and Collectivist Labour Law Contrasted

The legal subjects constructed in a labour law of individual rights are gendered. Thus Sex Discrimination and Equal Pay legislation are posited on gender since an applicant must compare herself to someone defined as sexually opposite in a binary system. It is also the case that protective legislation and social security laws are gendered. At this point women are not workers in general, but gendered workers, singled out for what is in this context their most important characteristic, their gender.

It may be objected that it could hardly be otherwise: after all gender is a significant social division, possibly the most significant. Furthermore labour law has to deal with its history of discrimination against women workers; in their recruitment, pay and conditions. In addition women are less willing to be invisible during pregnancy, maternity and motherhood. However, before we give a cheer for labour law's development of individual rights, we must ask whether the placing of gender on labour law's agenda benefits women workers. After all the history of gendered protective legislation was that it protected employers and families rather than individual women.

---

4 K. O'DONOVAN, *Sexual Divisions in Law,* London: Weidenfeld and Nicolson (1985).

3. *Gender on the Agenda?*

Even if we assume that gender is on labour law's agenda with the new emphasis on individual rights, a great deal of work remains to be done. We have to ask about gender. We have to ask about labour law's collectivism.

A gendered legal subject of discrimination law, or of specific provision for maternity, is part but by no means all of the gender question. In relation to such subjects we may ask whether they are constructed by women on the basis of women's experience and whether the laws are interpreted with an understanding of gender issues. About other aspects of labour law we may ask whether a seemingly neutral or universal legal subject masks a "hidden agender" and how such subjects are constructed and interpreted.

Another way of talking about this is in terms of indirect discrimination. There, where one gender category has greater difficulty in fulfilling standards or requirements than the other there is, on the face of it, a case of indirect discrimination (Sex Discrimination Act, 1975, s. 1[1][b]). As Helena Kennedy says of common law:

> Women played no part at all in the construction and contents of the law... The legal standards were constructed from a male perspective and with men in mind, and women have a problem fulfilling the criteria. [5]

The notion of equality under law not only covers the idea of no person above the law, but also the idea that law condemns and protects without bias or favour. If it can be shown that in the construction of legal subjects, in the interpretation of law, in law's method and application, there is a silencing, an exclusion, of those with equal claims as law's subjects, then the ideal of equality has been failed. If it can be shown that labour law has a "hidden agender", except when

---

5 H. KENNEDY, *Eve Was Framed*, London: Chatto (1992).

explicitly gendered, then law fails to satisfy its own equality quality. It stands indicted of partiality. Against this we may construct our own standards of citizenship, equality, pluralism, whilst recognising that workers are embodied and therefore gendered.

4. General Aspects of Labour Law

One of law's methods to determine the rights that legal subjects have is classification of those subjects according to status. In labour law this translates into the classification of employees into full or part-time workers, independent contractors, and according to age and gender. Being classified as a full-time employee gives rise to statutory rights regarding social security, injury and sickness benefits; and employment protection rights such as guaranteed pay, protection against unfair dismissal, redundancy compensation. The regulated working week, paid holidays, health and safety provisions, protection of wages on the insolvency of the employer, and a common law employer's duty of care are guaranteed by English and European law. All this is well known. The point is that, those who are not constructed as full-time employees, who do not fit the classification, do not have these extensive rights. Labour law ignores the relationship of employment to other aspects of workers' lives. The points of intersection between labour law and family law remain unexplored. This is not seen as an issue of justice to, for example, part-time workers. Labour lawyers remain largely silent on issues of family responsibilities and employment. It is only recently that questions of legal protection and benefits for part-timers, outworkers, atypical workers have become visible.

The part-time employee, the outworker, the atypical worker, the contractor lack the status that brings legal rights; or they have to work longer for the same employer to qualify for the same rights as full-time workers. They are constructed as 'other'; as outside labour law's concerns. If it can be shown that the preponderance of full-time legally protected workers is male and that the preponderance of part-time or atypical is female, then a *prima facie* case of indirect discrimination can be made out. What undermines the rule of law is that indirect discrimination is unlawful under English and European law and yet the source of discrimination against part-time and atypical workers is law itself. By this I mean that law's construction of part-time and atypical workers as outside protections and benefits granted to full-time workers is, on the face of it, discriminatory. In the United Kingdom ninety per cent of all part-timers are women, so the preponderance of those denied the protection and benefits given to full-timers are women. This argument has not escaped the Equal Opportunities Commission (UK) who are taking a test-case to the House of Lords. The Court of Appeal and the Divisional Court have refused judicial review of the legislative discrimination against part-time workers, on procedural grounds.[6] Again we can see how women part-timers can be constructed either as legal subjects entitled to law's protection and benefits, including a right not to be discriminated against; or as persons who do not 'fit in' or who have a 'women's problem'.

5. *The Construction of the Gendered Worker*

It has been argued above that the model worker constructed by labour law is the full-time male worker. He also is the comparator for Equal Pay Act claims. Part-timers and women are constructed as exceptions. Yet women make up forty-five per cent of the workforce in the United Kingdom. But as 'exceptions' the normal patterns of women's life-cycles such as pregnancy, maternity, and motherhood are not accommodated. Labour law has not come to terms with the gendered worker. Its universality is confined to the male, full-timer.

When writing of the gendered worker, pregnancy, maternity and childcare are the stuff of articles in which equal pay and sex discrimination legal examples are equally relevant. Until it is accepted that laws

---

6 *Reg* v. *Secretary of State for Employment, Ex Parte, Equal Opportunities Commission, The Independent* (10 November 1992).

which claim to be universal, to apply to all subjects, must take account of normal life-cycles, we cannot escape a focus on reproduction. So long as childbearing and rearing remain asymmetrically gendered, yet part of the human reproductive cycle, law cannot be universal until it comes to terms with such a self-evident aspect of the human condition. To construct women workers and their lives as 'exceptions' is another way of saying that the legal subject is male.

The Pregnant Worker

Two approaches to the discussion of the pregnant worker are possible. On the one hand we can look to the empirical evidence, drawing from statistics and experience. On the other hand we can look to the woman constructed in legislation and case-law. The statistical evidence is as follows: there is a three-fold increase in the numbers of mothers returning to full-time work after giving birth, between 1979 and 1990;[7] part-time work is, for the majority of working mothers, the option which fits with their domestic responsibilities;[8] if childcare arrangements were available, the majority of mothers would increase their labour market activities.[9]

The case-law on the pregnant worker shows that she is not constructed as a worker experiencing an event which is part of the normal life-cycle. Instead pregnancy is constructed by the courts as an illness, a disability or a disease, as part of sex discrimination law by national legislators, or as a condition in need of health and safety protection by the European Commission, or as a social security matter. All, or some, of these constructions may be necessary for the protection of workers who are pregnant. But why does she need protection? Obviously issues of recruitment, dismissal, leave, pay, return to work,

---

7 S. MCRAE, *Maternity Rights: The Experience of Women and Employers*, London: Policy Studies Institute (1991).

8 CONAGHAN, "Pregnancy and the Workplace: A Question of Strategy?", *Journal of Law and Society*, vol. 20 (1993) p. 71.

9 J. MARTIN and C. ROBERTS, *Women and Employment – A Lifetime Perspective*, Her Majesty's Stationery Office (1984).

are germane to being pregnant. But there also remains the 'exception' aspect. Some politicians believe that: "if God had intended mothers to work, he wouldn't have given them children." Thus the pregnant worker is not constructed by women who have similar experiences, but from a male point of view as an 'exception'.

The Parenting Worker

The worker as parent appears, at first glance, to be a person of either gender. So why is it that we see a woman? It is true that not all female parent workers suffer the same constraints on their labour market participation. We should not conflate differing material positions and experiences. Factors affecting the availability of childcare facilities, or after school provision, depend on ability to pay, social attitudes, employers' assumptions, partner's preferences, geographical location and State and local provision. Notwithstanding this, child raising is gendered female, and the research evidence is that it is women who do the accommodating between children and employment.[10] I am not suggesting that mothers are directly coerced. Rather the social meaning attached to parenting is gendered and motherhood is a term redolent of daily tasks of caring for, as well as about, others.

6. *Construction as Exclusion*

The argument so far is that, in its general and individual aspects, labour law takes a complicated, but unjust, stance in relation to gender. As in so many other areas of law the seemingly universal worker model masks a gendered male. Where a worker is specifically gendered female, she is constructed as an 'exception' against the male model, and from a male point of view. There are two possible objections to this argument. The first is a denial which draws on equality

---

10 J. MARTIN and C. ROBERTS, *supra*, note 9.

legislation as counter-evidence. The second asserts that European law has changed English employment law. If we examine these objections we find that, in refuting them, the major argument of the paper is strengthened.

What kind of woman is constructed as the applicant under the equality legislation? She is a complainant, a 'whinger' in contemporary parlance; someone who feels she has been denied something: pay, services, education, pension. To prove that this is so she must compare herself to a man in the same employment. It is true that in the *Dekker* case[11] the European Court of Justice said that in pregnancy cases comparison is not essential. But in other cases it remains so. In other words the complainant claims to be as good as a man. When thus stated, without legal frills, we say that central to the complaint is gender. But to translate this into law the applicant must construct a male to whom she compares herself, with whom she claims comparability, with whom she claims parity; further she must construct a neutral worker, an ungendered person who gets "the rate for the job". Finally she must construct herself as a victim of sex discrimination, yet as good as the man whose equal she is. In popular parlance women are constructed as irrational, and women 'complainants' are interpreted as confirming this.

It is true that the complaint of indirect discrimination is structured so as to force recognition of a male model behind terms and conditions unfriendly to women. In this sense it represents a legal acknowledgement of the problem of gender, masked by seeming neutrality. The "hidden agender" can be brought into the light by indirect discrimination proceedings. Closer inspection of the law on indirect discrimination reveals, however, that the defence of justification allows gender to remain on the agenda. Justification is in terms of the employer's perceptions, his "reasonable needs".[12] The employer is allowed some independence of judgement as to what he deems to be "commercially expedient".[13] Although the "hidden agender" may be

11 *Dekker* v. *Stichting Vormingscentrum voor Jonge Wolwassenen* [1992] Industrial Cases Reports 325.

12 *Hampson* v. *Department of Education* [1989] Industrial Relations Law Reports 69.

13 *Singh* v. *Rowntree Mackintosh Ltd* [1979] Industrial Cases Reports 554.

allowed out into the open, it may be silenced by the agenda of business practices and necessity.

A European Wind of Change?

Membership of the European Community has forced changes in English employment law. Law's role can be acknowledged as: "a countervailing force to counteract the inequality of bargaining power inherent ... in the employment relationship".[14]

It is true that the Employment Protection Act, 1978, protects the right not be dismissed on grounds of pregnancy (s. 60); there are rights to maternity leave and pay (Social Security Act, 1986, s. 46-50). But English law compares unfavourably with that prevailing elsewhere in the Community, and empirical research reveals that a substantial number of pregnant workers (about 40 %) are entitled only to a minimum maternity allowance with no rights of reinstatement at work.[15] These women have lesser, or no, rights because they have not fulfilled certain legal criteria of length of employment with the same employer.

To qualify for maternity leave, pay and reinstatement, a woman must fall within the construction of a full-time or part-time employee, and have served her time. She must have been continuously employed by the same employer for two years at sixteen or more hours a week, or for five years at eight or more hours a week. Self-employed, casual, temporary and outworkers are excluded. Thus pregnancy and maternity are constructed as a private matter between employer and employee and not as social acts affecting the community as a whole. The law on dismissal for pregnancy makes similar time bars, although the *Dekker* case may reconstruct this.

At European level the pregnant worker has been constructed as a person with a health and safety problem. The Pregnancy Directive

---

14 P. DAVIES and M. FREEDLAND, *Labour Law: Text and Materials*, London: Weidenfeld and Nicolson (1984).

15 S. MCRAE, *supra*, note 7.

(based on article 118[A] of the Treaty of Rome concerning the working environment) is an individual directive within the meaning of article 16 of Directive 89/391 (Framework Health and Safety Directive, 1989). The Pregnancy Directive (Council Directive 92/85) is introduced as a collection of: "measures to encourage improvements in the safety and health at work of pregnant workers and workers who have recently given birth."

As Conaghan [16] points out the introduction of a right for reasonable time off for antenatal care in English law was a response to concerns about the perinatal mortality rate, [17] that is, about the welfare of infants. At European level the health and safety concern is expressed as being about workers rather than children, as the Treaty does not claim jurisdiction over the latter. Morris and Nott [18] describe this as a paternalistic approach, arguing that "blanket protection" under the Pregnancy Directive encroaches on the freedom of individual women workers. But are health and safety concerns merely paternalistic? For Morris and Nott this approach echoes "paternalistic notions about women which in part inspired the nineteenth century protective legislation". [19]

But surely this is so only if women are 'compelled' to take time off against their own desires? It is true that Morris and Nott rely on an argument about members of a group being identified by their shared biology, rather than by their individual characteristics, an argument first advanced by this writer. [20] But that argument was about 'compulsory' restrictions on women workers against their will; it was not about a right which a worker can choose to exercise in accordance with personal autonomy. Construction of maternity rights as human rights, admittedly gender related, will overcome the objection based on paternalism. Furthermore European law's construction of the issue not as

16 CONAGHAN, *supra*, note 8.

17 Employment Protection Consolidation Act, 1978, s. 31[A].

18 MORRIS and NOTT, "The Legal Response to Pregnancy", *Legal Studies*, vol. 12 (1992).

19 *Ibid.*, p. 61.

20 O'DONOVAN, "Protection and Paternalism", in M. FREEMAN (ed.), *The State, the Law and the Family*, London: Tavistock (1984).

a matter of 'illness' but as a matter of the well-being of workers is to be welcomed. This is not to dismiss the worry expressed by Morris and Nott of a: "continuing conflict between paternalism and equality",[21] but rather to argue for a broader notion of equality encompassing differences, the life-cycle and responsibility for others.

7. *Conclusion*

A constructivist approach is fruitful in revealing the hidden agenda of gender. What emerges is a complex picture in which law's aim of achieving equality through universality is shown to be misconceived and impossible. Gender is a relevant aspect of individuals, but so is their life-cycle stage. Reconstruction of these issues at a high level of generality in terms of human rights is proposed. The 'rights' strategy has dangers, particularly if it loses sight of the social. In a gendered society, committed to liberal politics, women are caught in a dilemma. On the one hand they can claim full workers' rights on the male model; on the other, they can argue a gender position which seemingly undermines their claims to liberal equality. The silence of liberal philosophy on gender contributes to this dilemma.

In the course of reconstruction of gendered labour law, in addition to human rights, we need full recognition of the social location of individuals, our need to live in society, and of our selves as embodied.[22] The self who is constructed as the legal subject of labour law must encompass gender. Taking gender seriously in social situations means acknowledging labour law's hidden gender where it purports to be universal. It means recognising pregnancy, motherhood and parenthood, as they now are. The starting point must be the socially situated person rather than the abstract individual.

---

21 MORRIS and NOTT, *supra*, note 18, p. 61.

22 LACEY, "Theories of Justice and the Welfare State", *Social and Legal Studies*, vol. 1 (1992).

Chapter VII

Equality and Gender: The (In)compatibility of the Legal and the Feminist Debate

by Klaartje Wentholt

Y. Kravaritou (ed.), The Sex of Labour Law in Europe, 139–153.

1. *Introduction*

This paper concerns the role which can be played by legal equality in the improvement of the situation of women. This has been a major theme in feminist legal research in the Netherlands, especially in the fields of labour law and social security law. Under the influence of international law (such as the International Covenant on Civil and Political Rights, article 119 of the EEC Treaty and EEC directives on equal treatment), changes have been made to the law. For example, the ban on night work for women in industry was abolished in 1986 as a consequence of the argument that men and women should be treated equally. The Dutch legislation on equal treatment (with respect to equal pay and equal treatment in access to work, occupational training and labour conditions) has given effect to article 119 of the EEC Treaty and the first and second equal treatment directives.

This paper concerns the way in which the principle of equality could be, and has been, interpreted. In other words, it deals both with the potential and the limitations of the concept of equality. The criticism of feminist legal scholars that the principle of equal treatment cannot improve the situation of women (in the labour market), has been provoked by a number of cases in which the interpretation of the notion of equality has led to a levelling down of benefits for men and women. As such, one can have doubts about the value of the concept of equality. Feminist theorists have criticised legal equality doctrine as 'phallocentric', reflecting solely the perspective of men.

For example: men are allowed to work at night, therefore the ban on night work for women had to be abolished.

For a good understanding of the debate regarding the principle of equality, it is necessary to distinguish between equality as an abstract principle and equality as a concrete legal norm. Most of the theoretical studies concerning the principle of equality do not relate to the practical aspects or uses of this concept. The reverse is also true: typically, studies on a practical level do not refer to more abstract issues. In analysing the case law, theoretical insights are helpful in understanding the limitations of the legal concept of equality. I think it is useful to go further and to try to incorporate theoretical (feminist) insights within a juridical analysis of the law. This poses the question of whether the structures of law and legal method are 'compatible' with feminist modes of reasoning. As Mary Jane Mossman puts it:

> Feminist legal scholars are expected to think and write using the approaches of legal method: defining the issues, analysing relevant precedents, and recommending conclusions according to defined and accepted standards of legal method. A feminist scholar who chooses instead to ask different questions or to conceptualise the problem in different ways risks a reputation for incompetence in her legal method as well as lack of recognition of her scholarly (feminist) accomplishment. [1]

In this paper I want to show how a feminist viewpoint could influence the development of the legal concept of equality.

After describing the development of the concept of equality, I will turn to the Dutch Equal Treatment Act and to the sex discrimination law of the European Communities: how have the concepts of direct and indirect discrimination been interpreted? Finally, I will draw some conclusions to the question of whether the feminist and legal debates are compatible.

---

1 MOSSMAN, "Feminism and Legal Method: the Difference it Makes", *Australian Journal of Law and Society* (1986) p. 31-52.

2. *The Concept of Equality*

Of course, there is a variety of more or less abstract notions of the concept of equality which can be studied on a more or less abstract level. Philosophical notions of the principle of equality will not be discussed in this paper. On a less abstract level, with regard to the legal norm, it is commonly accepted that the concept of equality must be understood as leading to substantive equality. For example, in order to obtain 'genuine equality', preferential treatment is required. The central assumption of substantive equality is that like cases must be treated alike and different cases must be treated differently. This remains an empty formula, however, if there are no specifications as to how to decide whether cases are alike or different. At this point the feminist debate on similarity and difference is of great importance. In her thesis, *Difference in Equality,* Titia Loenen formulates two major problems or dilemmas which arise from the legal concept of equality: [2]

1.—Which inequalities are to be taken into account in the concept of equality, and how is 'difference' constructed?

2.—If cases are considered not to be similar, what treatment is appropriate?

The main problem which arises from these dilemmas is whether the concept of equality can offer more than assimilation to a male standard.

In my thesis, which was restricted to labour and social security law, I tried to flesh out the concept of substantive equality mentioned above. [3] I also tried to avoid the well known 'equality-trap': in my

---

2 T. LOENEN, *Verschil in gelijkheid,* Zwolle: W.E.J. Tjeank Willink (1992). Loenen distinguishes four problems/dilemmas, but since they are related, I deal with them as two major problems.

3 K. WENTHOLT, *Arbeid en Zorg,* Amsterdam: Thesis Publishers (1990).

view, neither equal nor special rights for women provide a good strategy for dealing with the gendered character of labour law. Neither treating women like men, nor giving them a special status because of their sex, can improve the situation of women workers at a structural level, for such strategies do not question the gendered structure of law. A clear line cannot always be drawn between men and women. Rather, differential treatment is required with respect to the particular circumstances in which workers (male and female) find themselves. The question which then arises is what circumstances are to be taken into account. Various authors have tried to solve this problem, suggesting a criterion which can stand as a basis for differentiating and taking the purpose of the legal rule in question as a basic premise.

In my study I adopted the following criterion: the aim of the legislator regarding the participation of women in the labour-market. As a consequence of articles 1 and 19 of the Dutch Constitution, which guarantee the right to freedom of choice of employment without discrimination, the Government has an obligation to improve the position of women in the labour market. As a consequence of the ratification of the ILO Convention 156, "concerning equal opportunities and equal treatment for male and female workers: workers with family responsibilities", the Government must be active in addressing the problems which arise from the need to reconcile dual responsibilities stemming from family and work. In several policy plans on emancipation the Government has stated the importance of this in order to redistribute the work between men and women.

To establish whether the laws which regulate other social arrangements are in conflict with the principle of equality, the following points need to be considered:

1.—Does a rule affect men and women differently?

2.—If the answer is in the affirmative: in what way do their cases differ?

3.—Given the aim underlying the rule and the aims of the Government concerning the labour participation of women, should these differences lead to a criterion for differential treatment?

The first question requires a critical analysis of law. What is the position of women in labour and social security law? Are the special needs of workers with family responsibilities (who are mostly female) taken into account? To attain a more 'women-oriented' law, it is essential to improve our understanding of the implications of the law for the position of women. In my view, the principle of equality can be used as a 'tool' because it refers to the relevant differences between the labour positions of men and women, and can show the male bias of law. Legal concepts which reflect 'male' values and working patterns (working full-time and having no family responsibilities) are not consistent with the principle of equality which I developed in my thesis.

For example, the Dutch Labour Act has recently been changed: the legal restrictions on working hours for women were eliminated and made equal to those for men. During the Parliamentary debates, the question arose as to whether special restrictions for women, such as the ban on night work, were justified. This discussion was related to the issue of whether women and men have to be treated alike or differently (the sameness/difference debate). The reform of the law did not involve any consideration of the question of whether the Act should take into account the special needs of workers (male and female) with family responsibilities. In my study I concluded that, in not taking into account the circumstances of workers with family responsibilities, the Labour Act affects men and women differently. The working pattern of most working women consists of paid (part-time) work and unpaid work (caring for children). The drawbacks to irregular working hours apply to everyone, but lay an extra burden on workers with family responsibilities, who are mostly female. The conclusion that workers with family responsibilities (mostly female) and workers without family responsibilities (mostly male) does not mean that special treatment for women is appropriate. Rather, it means that ignoring the fact that workers often have family responsibilities leads to the prejudicial treatment of women. What treatment should result from this observation?

The aim of the Labour Act is to protect workers against working hours which harm their health and safety or interfere with their participation in life outside of the work place. As was stated above, the Government must be active in addressing the problems which arise from the need to reconcile dual family and work responsibilities. My conclusion is thus that the principle of equality requires that workers (male and female) with family responsibilities can claim special working hours because of their private circumstances. However, I must make one remark about this approach: workers with family responsibilities are seen as a special category. As such, the construction of difference starts from the dominant male perspective. The concept of equality cannot bring about a complete shift in paradigms. It can only be used as a 'tool' to expose the hidden male structure of the law. Such exposure can be a starting point both for discussing the law and for changing it.

Another example comes from the Dutch Unemployment Insurance Act. To receive a full benefit under the Act, the unemployed worker must be available for appropriate work. In the administrative interpretation of this, private circumstances, such as the care of children, are taken into account. So it cannot be argued that the concept as such leads to the unequal treatment of men and women. However, an analysis of the decisions of the Central Court of Appeal reveals that the situation of part-time workers who require special working hours because of child care responsibilities, is regarded as an exception to the 'normal' situation of full availability for the labour market. The concept of (substantive) equality requires that the law take into account the fact that some workers have family responsibilities. The objective of the Unemployment Insurance Act is to provide a benefit in the case of loss of income resulting from unemployment. This means that the relevant criterion for differentiation must be based on the labour performed before unemployment. The aim of improving the position of women within the labour market, as is formulated in the policy plan mentioned above, requires that the concept of 'labour performed' should not only include paid labour. The work pattern of workers with family responsibilities consists of a combination of paid and unpaid (child care) labour; therefore this work pattern should also be taken into consideration.

This concept of equality is a broad one. It is wider than the 'classical' concept of indirect discrimination used in the case law. The next question, then, is how the judiciary conceptualises discrimination. In what way does the conceptualisation on a more theoretical level differ from the conceptualisation and application on a practical level? What conclusions can be drawn from this comparison with regard to the usefulness of the concept for improving the position of women (in the labour market)?

3. *Sex Equality Legislation and the Concept of Equality*

The Structure of the EEC Directive on Equal Treatment

The Dutch Equal Treatment Act gave effect to article 119 of the EEC Treaty, the EEC Directive of 1975 (equal pay) and the EEC Directive of 1976 (equal treatment as regards access to employment, vocational training and promotion, and working conditions). The structure of the Equal Treatment Act follows that of the EEC Directive of 1976.

The general rule is clear: men and women should be treated equally, unless they are not similarly situated. Therefore, *exceptions* to the principle of equal treatment are permitted:

1.—If the sex of the worker constitutes a determining factor;

2.—In the case of provisions concerning the protection of women, particularly with regard to pregnancy and maternity;

3.—In the case of measures taken to promote equal opportunities.

This structure clearly shows that equal treatment is the norm, with even preferential treatment constructed as an exception to it. In other words, in EEC terms, equal treatment means identical treatment. In comparison, in the development of the more theoretical concept, the following conclusion can be drawn: preferential treatment is seen as part of the concept of substantive equality and as necessary for its achievement. In the second EEC directive on equal treatment and in the Dutch Equal Treatment Act, preferential treatment is permitted as an *derogation* from the principle. So, the concrete legal norm fundamentally differs from the principle as seen on an abstract level.

Although the principle that men and women are equal, except in the instances foreseen in the derogations, is embedded in the EEC directives, there is some case law on the question of the comparability of men and women in assessing whether an appeal can be made against the invocation of one of the derogations. This is shown in case law concerning 'special rights' for working mothers. The cases of *Hofmann* v. *Barmer Ersatzkasse* [4] and *Commission* v. *Italy* [5] both dealt with the issue of whether the restriction of periods of leave to (adoptive) mothers was compatible with the Equal Treatment Directive. The Court of Justice decided that the Directive did not mean to settle questions concerning the organization of the family, or to alter the division of responsibility between parents. The redistribution of paid and unpaid labour which, from a feminist perspective, is necessary for the improvement of women's labour position, is not required by the principle of equality within the meaning of the Equal Treatment Directive. The Court of Justice did not agree with the Commission that parental leave (or, in the case of the *Commission* v. *Italy,* leave following the adoption of a child) should be accorded to both parents. Rather, it stated that it is legitimate to protect the special relationship between a woman and her child during the period which follows pregnancy and childbirth. So whereas the Commission considered men and women as equal with regard to the caring for and raising of children, the Court of Justice considered men and women as unequal in this respect. According to the 'dilemmas/problems' with the concept of equality which I outlined above, it is clear that the Court of Justice starts from a 'male perspective' in the way in which it constructs sameness/difference. The Court does not question the dominant perspective, in which only women are responsible for child care. However, in the case of the *Commission* v. *France,* which also involved consideration of special rights for working mothers, the Court of Justice decided otherwise. The French legislation included the ex-

---

4 *Hofmann* v. *Barmer Ersatzkasse,* Case 184/83 [1984], ECR 3047.

5 *Commission* v. *Italy,* Case 163/82 [1983], ECR 3273.

tension of maternity leave, the reduction of working hours and the payment of an allowance for a baby sitter, and was meant to decrease the problems arising from the need to reconcile dual family and work responsibilities. The Court's decision was that this type of legislation could not be justified under the Equal Treatment Directive. So, it may be concluded that the Court does not permit special rights for mothers beyond the period following childbirth. Does this mean that the Court renounces the traditional view of the division of roles between men and women? I don't think that this conclusion follows from the Court's decision. The French Government argued that the abolition of these special rights should worsen the position of women in the labour market. Reacting to this argument, the Advocate General stated that Community law requires that benefits must be offered to men and women on equal terms. The Court, however, did not respond to this problem.

If this decision is compared with the concept of 'substantive equality' mentioned above, it is seen that the problem of the level of equality to be established arises here. What treatment is necessary to handle the existing inequality between men and women? Because the Court of Justice failed to answer (or indeed to ask) this question, other problems arising from the gendered character of labour law were not brought into the open.

Indirect Discrimination: the Male Standard Abandoned?

The concept of indirect discrimination emphasises the impact of a sex neutral measure on certain social groups. If a particular measure affects a considerably larger percentage of women, then a *'prima facie'* case of indirect discrimination is established. This is a very important concept because it serves to render visible the male bias of the law and provides scope for a critical analysis of it. In answering the question of why indirect discrimination has taken place, and why a rule has adversely affected a larger percentage of women, the circumstances and the needs of women cannot be ignored. For example, paying part-time workers at a lower rate injures women workers financially (in the Netherlands, it is mostly women who work part-time). The reason why such a rule has a negative effect on women is that women cannot work full-time because of their family responsibilities. So, the concept of indirect discrimination shows the hidden male bias of a model of legislation which is centred around a pattern of full-time work. In providing scope for a critical analysis of the law, the concept of indirect discrimination provides a very valuable approach. On the other hand, its field of application shows the limitations of this concept.

If a measure affects women disproportionately, the measure does not constitute unlawful discrimination where the treatment is objectively justified by factors unrelated to any discrimination on the grounds of sex. It goes without saying that this rather vague statement can embody different types of arguments. For example, paying part-time workers at a different rate affects men and women differently. This follows from the male standard of the law (which takes as its starting point a pattern of full-time work). If the argument that the company wants to encourage full-time work, irrespective of the sex of the worker can play a role in the justification of such differential treatment, the potential of the concept of indirect discrimination is decreased.[6] Although the concept of indirect discrimination in itself can render visible the male bias of the law, it does not automatically refute this line of reasoning. The argument of encouraging full-time work on economic grounds is based on a 'male' point of view. So, the concept of indirect discrimination is a step forward, but it cannot by itself bring about a shift in paradigms.

Another problem with the concept of indirect discrimination is that a measure has to affect a considerably larger percentage of women. How large must the proportion be before it can be called 'considerable'? Further, what is the context in which the comparison is to be made? The Dutch Equal Treatment Commission, which delivers non-binding legal decisions regarding alleged violations of the Equal Treatment Act, considers the context of the *particular company* as the relevant pool from which the proportion can be drawn. This means

---

6 See *Weber von Hartz* v. *Bilka-Kaufhaus*, Case 170/84 [1986], ECR 701.

that the proportion of men/women within a particular company establishes a *prima facie* case of indirect discrimination. This leads to the unsatisfactory result that the same type of treatment, for example paying a lower rate for part-time work, will affect women differently depending on the proportion of men and women within a given company. What if only (or mostly) women are employed by a particular company? Lower pay for part-time workers cannot be seen to affect women disproportionately here, for in such a company there are no men (or only few) with whom comparison can be made. The hidden male viewpoint which treats part-time work differently, remains intact.

So, the conclusion which can be drawn is that the concept of indirect discrimination can address the gendered character of labour law, but that it also has its limits. I want to emphasise that this concept can be used as a tool to analyse law and to render visible a hidden male bias. The Dutch Equal Treatment Commission once dealt with a problem concerning the payment of a bonus for overtime. In general, if employees work overtime, they receive a bonus. The definition of overtime (typically) is related to the hours one is supposed to work according to one's working schedule. If a part-timer works twenty hours a week, he is working overtime when he has to work more than these twenty hours. The bonus, however, is (typically) related to 'normal' (*i.e.* full-time) working hours. Notwithstanding this case's outcome (the Commission concluded that the Equal Treatment Act had been violated), it shows that a 'feminist point of view' can influence the legal debate. The employer argued that an extra benefit for full-time workers was justified because of the burden caused by working overtime. This type of argument clearly expresses a male point of view, for it presumes full-time work to be the standard. The Equal Treatment Commission rejected this, asserting that part-timers often have family responsibilities, so working overtime causes inconveniences for them as well. The inconvenience caused is a result of the infringement of one's normal pattern of work.

4. Conclusion

The concept of equality is both a theoretical principle and a concrete legal norm. However, the concepts of equality as a principle and as a concrete rule of law which forbids unlawful discrimination are not necessarily the same. The conceptualisation and application on a practical level reveals some limitations, which have not been considered in the theoretical conceptualisation. A juridical norm, as laid down in the EEC directives and in the Dutch Equal Treatment Act, can be interpreted in several ways. The interpretation of the law can change in respect of new notions about society. However, there are limitations: legal norms have a restricted 'interpretation-space', which does not always leave room for a feminist perspective. It is important to try to incorporate a female point of view in the judicial interpretation of the law. The first step is to criticize the present conceptualisation of equality. Does this concept take the male norm as its point of reference? Are other interpretations possible? Feminism has had some impact on the interpretation of legal norms with regard to the construction of difference. Are men and women equal with regard to child care? In answering this question, a feminist perspective is introduced. The male bias of the law can be made visible.

The second step is to acknowledge the limitations of the legal concept of equality, and the distinction between this concept and the broader principle of equality. The legal norm prohibits unlawful discrimination. It does not show how substantive equality can be achieved. Neither the EEC Directive on Equal Treatment nor the Dutch Equal Treatment Act requires positive measures to be taken to improve the position of women in the labour market. Preferential treatment is constructed as an exception to the principle of equal treatment. The Equal Treatment Act forbids unlawful indirect discrimination. Therefore, paying less to part-time workers is not permitted in a situation where more women than men are working part-time. However, treating part-time and full-time workers differently is permitted where the proportions of men and women involved in these kinds of work are equal. The payment of part-time work at a lower rate reflects a male working pattern. The concept of indirect discrimination does not prohibit the taking into account of full-time work as a starting point and cannot change male paradigms. The concept of indirect discrimination cannot enforce a redistribution of paid and unpaid labour. However, this does not imply that the concept of equality is useless, it merely means that courts can't enforce substantive equality. Indirect discrimination can be used as an instrument to analyse the male bias of the law and the relevant differences between male and female workers. It is a starting point for discussion about the way in which substantive equality should be reached. Feminist legal theory can contribute to this discussion.

The concept of substantive equality can expose the hidden male structure of the law. Increasing our knowledge of the implications of law for the position of women is essential if we are to attain a more 'women-oriented' law. The law must not be focused on one aspect of human life: being an employee. Other tasks, such as caring for children, should also be taken into account.

Chapter VIII

Economic Independence, Labour Law and Social Security

by Rikki Holtmaat

Y. Kravaritou (ed.), The Sex of Labour Law in Europe, 155–175.

1. *Introduction*

As many others have already commented in this volume, it is useful to approach the matter of the gendered nature of labour law in relation to other fields of law. In this sense I do not feel embarrassed that most of my paper is about social security law rather than labour law.

I think we should not fall into the trap that has been set by traditional legal doctrine in separating different spheres of law and treating and studying them separately. In that respect we should follow Tove Stang Dahl, who prefers to speak of income law. [1] Income law covers many different fields, such as property law, divorce law, maintenance law, labour law, tax law and social security law.

In this paper I will draw on some recent work, for instance, my Ph.D. thesis and a recent article in a Dutch legal journal. [2] In the first part of this paper I will very briefly provide some background information on the Dutch governmental emancipation policy in respect of labour and income. After that I will concentrate on analysing the

---

1 STANG DAHL, "Women's Right to Money", *International Journal of the Sociology of Law* (1984) p. 137-152.

2 R. HOLTMAAT, *Met zorg een recht? De analyse van het politiek-juridisch vertoog over bijstandsrecht* [To Care for a Right, the Analysis of the Political-Legal Discourse on Social Assistance], Zwolle: Tjeenk-Willink (1992); —ID., "De rode draad: Op zoek naar gefeminiseerd sociaal zekerheidsrecht", *Ars Aequi* (1992) p. 399-408.

concepts of economic independence and individualisation of income rights, especially social security rights. These concepts are also very important in respect to labour law.

In the third part of this paper I will examine further the feminist approach to economic independence and individualisation and I will show some of the dilemmas that occur when feminist lawyers or the women's movement take over these concepts without fundamentally challenging or changing their content.

2. *Labour Participation and Social Security*

To begin with I will briefly examine the content of the Dutch official emancipation policy. There is a strong connection between this policy and the main demand of the women's movement: free entrance into the paid labour market. Two concepts are central in this respect: that of individualisation and that of economic independence. The desire for individualisation of income-rights is linked to the increasing number of women in the labour market. Women who have gained a certain amount of financial independence want to have individual rights that correspond to that independence. Individualisation is directly related to the concept of economic independence. The 1985 Government memorandum on future emancipation policy defines the latter concept as the situation in which every adult "will be able to provide for him/herself, be free to choose to enter into relationships and to take upon him/herself the responsibility for children".[3]

Although there have been attempts to arrive at a broader definition of economic independence by including unpaid caring, the concept remains one in which paid labour plays an important part. As far as the emancipation of women is concerned, economic independence

3 Beleidsplan Emancipatie, Tweede Kamer 1984-1985, 19 052, no. 2, p. 13.

and individualisation are part of what I have called the *theory of labour participation:* the theory that the liberation of women will mainly take place through increasing participation in the labour market.[4] This theory of labour participation is made up of four elements:

1.—If women have their own income, this will fundamentally undermine existing power relationships between men and women.

2.—Income can be obtained mainly through paid labour. Participation in paid labour is one of the most important conditions and opportunities for providing women with personal, social and political power.

3.—Social security is not a goal in itself, but performs a secondary function in replacing income for those who are unable to acquire it on their own behalf.

4.—The State can and must play a neutral role in distributing income and power among men and women.

Although increasingly the women's movement has voiced doubts about the 'liberating' or enjoyable nature of paid labour,[5] labour participation theory remains of great importance for the development of (feminist) strategies aimed at economic independence and individualisation in the field of taxation and social security. The theory even plays a double role: for on the one hand it postulates that the logical result of the predominance of paid labour (over social benefits) as a primary source of income, is that rights to social benefits replacing earned income should—like wages—be individualised.[6] On the other hand it postulates that social security should be individualised

---

4 See HOLTMAAT, "Individualisering van de sociale zekerheid", *Nemesis* (1984) no. 2, p. 62-69.

5 Indeed, some groups have turned their backs altogether on paid labour and now advocate a jobless existence. See for a recent example of a critique of the labour participation theory, WIERINGA, "Een mondiaal misverstand", *Nemesis* (1992) no. 2, p. 5-11.

6 See also *infra*, note 12.

because anything else would stand in the way of participation in paid labour by women.[7]

As far as social security is concerned, in 1984 the Council for Emancipation advised on the revision of the system and advocated a process in five different stages that can be summarised in the following definition: individualisation is the creation of equal and independent rights for each individual, regardless of other income in the unit in which that person lives and of which he/she is part, and regardless of the costs of the form of the unit in which a person chooses to live.[8]

During the eight years that have passed since this advisory memorandum, economic independence and individualisation have still not been realised in full and these are still the most important concepts in the debate on (re)forming the system of social security.[9] Although some changes have been made as far as social insurance for the employed and some national insurances are concerned that tend towards a more individualised system of rights to benefits, almost all political parties still oppose fully individualised rights to social assistance.[10]

More and more the impact of the Dutch emancipation policy, and of the law reforms that go with it, have been disputed among feminists. Women are forced to participate in paid labour without the conditions that make a combination of paid and unpaid work possible being met or being provided for. However, the basis of today's feminist claims is still very much the same "labour-participation theory". In this way reforms in labour law are very closely related to social security policy. This makes it important not to study both subjects

---

7 See HOLTMAAT, *supra,* note 4, p. 63 *et seq.* A non-individualised system includes breadwinner-allowances that disappear if the woman starts work. One must therefore first earn the allowance, before any financial gain attaches to being employed as a woman. The same applies to tax-free allowances for breadwinners.

8 See HOLTMAAT, *supra,* note 4, p. 63.

9 See *e.g.* the advisory memorandum of the Council for Emancipation, *Emancipatiebeleid in macro-economisch perspectief* from 1989, and the report *Een werkend perspectief* by the Wetenschappelÿke Raad voor het Regeringsbeleid from 1990.

10 See the parliamentary committee (Uitgebreide Commissie Vergadering) of 16 September 1991, TK 1990-1991, UCV no. 60.

separately, but to go into the common basis of both these fields of law.

3. *The Origins of Individualisation and Economic Independence*

In this section the origins of the concepts of individualisation and economic independence are traced back to the (internal) structure of both labour law and social security law. It appears that both concepts are rooted within these structures and are—as such—not 'new' or invented by the women's movement.

Individualisation

The term individualisation can mean two entirely different things within the context of Dutch social security. As far as *social insurance* is concerned (insurance for the employed and national insurance) it means: an individual's claims are determined regardless of family circumstances and means of subsistence within the family. Within the context of *social assistance* it means: benefits that are determined in accordance with the individual circumstances of the case. Family circumstances and means of subsistence within the family are important considerations in determining individual circumstances.[11] Demands for individualisation of social security such as are made by the women's movement and the Council for Emancipation, correspond to individualisation in social insurance, and especially insurance for the employed. In their turn, individual rights to benefits in those insurances correspond to the individualised system of wages in the Netherlands. That is to say: family circumstances, such as whether the person concerned

---

11 See for the concept of individualization within social assistance, R. HOLTMAAT, *Het recht op bijstand*, Zwolle: Tjeenk Willink (1992).

is the breadwinner or how many children he/she supports, are not taken into account (any longer) in determining an employee's wage.[12] Benefits linked to wages (as is normally the case with insurance for the employed) do not therefore take such circumstances into consideration either. This is because these insurances are not based primarily on social solidarity, but on the principle of equivalence between wage, premium and amount of benefit. Both premium and benefit are related to the (individualised) wage.[13] Because social assistance is not financed by means of a premium, but by the Treasury from public funds, this form of social security has been called the most important form of security through 'pure' solidarity. There is no link at all between benefit and any previous wage because there is no element of premium. The true basis of a right to social assistance is not one's own individual *labour* (the value of which is expressed in one's wage) and the running of an accepted *social risk,*[14] but one's individual

---

12 It is forbidden to take family circumstances into account in that way in the Netherlands because of article 119 of the European Community Treaty, the first European Community directive and the 1975 Dutch Equal Pay Act. The fact that wages in Holland are nevertheless regarded as family wages is related to the link that exists between wages and benefits at a minimum level. The legally fixed minimum wage for an adult is regarded as sufficient for a "normal" family consisting of a breadwinner, a dependent partner and two children. At a minimum level social benefits should not therefore fall below the minimum wage. See HOLTMAAT, "De Januskop van het minimumloon", *Sociaal Maandblad Arbeid* (1988) p. 328-330.—For a recent political debate on this point, see TK 1990-1991, UCV no. 60, p. 22.

13 National insurance is not as strictly insurance-based as work-related insurance schemes. National insurance programmes are based on a system of flat-rate benefits in which allowances or benefits may be given to persons by whom, or on whose behalf, no premium has ever been paid (for example, housewives who receive old age pensions). In that sense they are also based on a principle of solidarity.

14 Two elements are central to insurance-based systems of social security: premiums paid out of labour-income and the acceptance of a social risk. The latter means that there is consensus about what income-risks cannot be carried by individual citizens but should collectively and compulsorily be insured through a legal system of social insurance. Unemployment, old age, sickness, severe disabilities and widowhood have been accepted as such. All of these risks are directly or indirectly (for widowhood) linked to paid labour. Within this concept of the insurable social risks a gendered pattern of classifications can be identified. Income risks that are related to unpaid labour are never accepted as "social" risks and are always situated in the private sphere. These risks are not deemed to be "impersonal" or "social" (that is:

(continues on next page)

needs. The substance of the concept of individualisation within the context of social assistance is therefore very different from that within the context of insurances for the employed.

Individualisation and Paid Labour

As we have seen, the concept of individualisation in social insurance for the employed corresponds to individualised wages in the context of paid labour. We must therefore take a closer look at the world of paid labour in order to find out what individualisation means there. Some years ago I conducted research (within the framework of a research-project on the legal nature of flexible labour-relations) on the meaning of the concept 'employee' in Dutch labour law.[15] In that project it became clear that the concept of an *employee* in labour law is an *individualised* concept. That is to say that the law assumes that in his/her relationship to an employer, an employee is regarded as an individual, independent of family circumstances and the like.[16]

Further analysis of labour law—in the light of the legal position of so-called flexible employees—shows that the model-employee in labour law is the person who works full-time between the ages of 20 and 65 on the basis of a regular labour contract. The legal position of part-time workers and 'flexible' employees is derived from this 'normal' pattern. I use inverted commas because this situation is increasingly abnormal for part of the Dutch population. It never was

---

guiltless) but personal (that is: caused by personal circumstances or fault). See R. HOLTMAAT, *Met zorg een recht?*, *supra*, note 2.

15 See HOLTMAAT, "The Power of Legal Concepts; Towards a Feminist Theory of Law", *International Journal of the Sociology of Law*, no. 5 (December 1989) p. 481-502;—ID., "Individualisering en verzorgingsbehoeftigheid", *Sociaal Maandblad Arbeid* (1987) p. 760-774;—ID., "Naar een Ander Recht", *Nemesis*, no. 1 (1988) p. 3-13.

16 Until recently, there was only one provision in the law that obliged an employer to look further than the person employed: art. 1638c of the Civil Code which contains contingency provisions for calamities in the private sphere. Of late, a ruling has been introduced which obliges employers to allow an employee (if he/she so desires), unpaid part-time leave in connection with parental duties for a maximum period of six months (1638oo Civil Code).

'normal' for most married women anyway. In so far as they participate in paid labour, they usually work part-time, on the basis of a 'flexible' contract or as 'black'-labour in household cleaning, etc. Only those who can rely on the unpaid labour of others (mothers, wives, neighbours) or who earn enough to let others undertake such labour for a fee, can maintain a 'normal' pattern of work. People who are on their own, or partners with two full-time jobs find it difficult to maintain such a pattern, especially if children or others are dependent on their care. The employer can proceed on the basis of the model-employee as an individual without obligations at home, because in practice only such individuals can actually undertake paid labour: those who have no-one dependent on their care, or who have others to do the caring and nurturing. In other words, the individualised model of paid labour assumes that those who work for a wage have someone else to take care of them, in exchange for which the carer shares the employee's income. This form of individualised labour only exists by the grace of unpaid labour (mainly of women). This model of labour is really then a breadwinner's model.

The demand for individualisation of social security benefits to correspond to an individualised model of paid labour therefore gives rise to a strange paradox: that individualised model is actually a breadwinner's model, and is not really individualised at all. From a feminist point of view, demands for individualised social security to correspond to it, will always be problematic. For how do we take account of the unpaid caring, for oneself and for others, that everyone is faced with, within an individualised system of wage-fixing and social security? What happens if a person is unable to earn (sufficient) individualised income because of caring, or is unable to accumulate sufficient individualised rights to social security (as happens to many part-timers)? These questions are not addressed by a strategy of individualisation.

Economic Independence

What about economic independence? Is this also a concept that derives from the world of social insurance, and what does it mean there exactly?

In a social sense, the concept "economic independence" has gone through an important development during the past hundred years. Economically independent used to mean that people were able to keep themselves by their own capital or business ("independent means"), rather than being dependent on a wage. The concept now refers mainly to persons who are able to provide for themselves through paid labour of some sort, and who are not dependent on family or State support. People who are economically dependent have little or no access to paid labour and are dependent on those members of their family who are obliged to support them, or (if no family support is forthcoming) on a minimum income provided by the State (such as social assistance).

We see economic (in)dependence in this sense in social security. It comes to light if one examines the question of why social *insurance* should play such an important part in the social security system. Research into why a system of social insurance should in general be preferred over a system of social assistance, shows that there are two sorts of motives for this preference which are related to the concept of economic independence in the (double) sense of independence by means of paid labour and independence from family or State income.[17]

The first motive concerns the value of paid labour for the citizen's (economic) independence and autonomy. Only those who earn their living through paid labour (either self-employed or in the employment of others) are socially independent *"in the full sense of the word"*, as

17 See on this question, R. HOLTMAAT, *Met zorg een recht?*, *supra*, note 2.

the author of a Ph.D. on social security put it in 1957.[18] As I have already said, the predominance of paid labour is part of the labour participation theory in emancipation circles. In 1984, the Council for Emancipation was still advising that paid labour should precede income from benefits, if economic independence were to be acquired and maintained.[19] Central considerations in the motive for allowing labour to take precedence over social security are self-respect (in the sense of not having to say "thank you"), 'existential' security, equality, (economic) independence, an independent status and responsibility. These enviable qualities may also fall upon ex-employees in so far as they are insured under social insurances for the employed or National Insurance schemes. The direct link between paid labour and social security (via the payment of premiums) implies that wage-related benefits, for which the entitled person has paid premiums, are to be preferred over benefits based on 'pure solidarity', such as social assistance. The person who is (or has been) willing to undertake paid labour, but who falls victim to a recognised social risk (such as illness or unemployment) *deserves* an independent right to social benefits that also maintain his/her economic independence.

The second motive for distinguishing between wage-related benefits and needs-related benefits such as social assistance, is to be found in the significance attached to independence from family income. The family means test that is part of social assistance, is regarded as an important barrier to the construction of an *independent right* to social assistance benefits. The concept of an independent right means, in respect to social security, that anyone with a right to social security payments does not need family support.[20] Put the

18 A. HEERING, *Eenheid en verscheidenheid der sociale uitkeringsregelingen*, Ph.D. thesis, Groningen (1957) p. 72.

19 See advisory memorandum *Sociale zekerheid en Emancipatie*, Den Haag: Emancipatieraad (August 1984) p. 10.

20 ID., *supra*, note 18, p. 117. In Holland this is no longer a barrier to the claim that there is a *right* to social assistance. This right however is never seen as an *independent* right but as a "family-right" to get family support. The concept of a right to social assistance is very problematic. See the last part of this paper where I discuss this "rights-talk".

other way around, a person with an independent right to social security payments can never be subjected to a family means test and is therefore able to remain independent of his/her closest relations. Social insurance programmes are constructed in terms of independent rights. Because insurance premiums have been paid, the social insurance benefits can never depend on whatever financial means one's family happens to have. By paying a premium, one 'buys', as it were, one's own financial independence. This allows a person to feel independent. "If one is forced to live on benefits, one can nevertheless be safe in the knowledge that one is independent." Instead of being an object of charity, the person receiving wage-related benefits is a "person and a fellow citizen".[21] This is not merely an old-fashioned or obsolete view of the nature of social insurance, as can be seen from the heated debate on the Disablement Insurance Act that took place in Parliament in the summer of 1991 after the Lubbers-Kok-Cabinet had proposed cuts. Because they once paid premiums for the right they now exercise, the Government cannot simply transfer those with disability benefits to social assistance. The quality of disability benefits is regarded as definitely 'better' than that of social assistance benefits, and the family means test for social assistance is mainly responsible for that.

Economic Independence and Unpaid Labour

The substance of the modern concept of economic independence is the result of a combination of these two reasons for maintaining the distinction between social insurance and social assistance and for regarding social insurance as the *better right.* Economic independence in the sense of: 1) acquiring income through labour or a wage-related allowance and 2) not having to be financially dependent on one's close relations, is not therefore a 'new' concept, neither was it invented by the women's movement. Rather, its meaning derives from the very construction of our system of social security: a system that

21 A. HEERING, *ibid., supra,* notes 18 and 20.

puts paid labour and wage-related social insurance benefits first, and that regards social assistance for people who have never participated in the labour process, or who have not done so for a long time, as its rock bottom. As a matter of principle, such central concepts as personal responsibility and independence do not apply to those who are dependent on social assistance.

There is a paradox here, as there is with regard to the concept of individualisation. The concept of economic independence is based on certain values, such as the realisation of personal responsibility through paid labour, and an individual's autonomy with regard to his/her primary environment. These are values about which the women's movement has voiced fundamental doubts, because they are seen as 'male'. That is to say, they are values that are based on a male pattern of life and on the experiences of men. One could ask whether, by making the concept of economic independence the spearhead of its social security strategy, the women's movement has not (unconsciously) embraced these male values.

A second problem concerns the fact that the demand made by the women's movement corresponds to existing social and economic practice in which, as yet, women have been unable to build up independent rights to income and benefits because of the reproductive and caring functions they are assumed to (want to) fulfil. If women want to become economically independent, in the sense in which the concept has been used here, they will have to either stop fulfilling these traditional tasks, take on a double load in life, or share these tasks with their partners. In most cases the last option still means a daily fight about washing up and (more a matter of principle) about who is to maintain the full-time job and who is to work part-time as soon as a child is born. Although young women especially are optimistic about the chances of being able to share unpaid labour, and about the willingness of men to do so, figures show that in reality women are still the regular losers in 1992. Of all mothers with young children, only 25 % have a paid job, mostly part-time. Fathers with young children certainly do not give up their jobs, and very few take on part-time jobs.[22]

Economic Independence, Individualisation and Unpaid Caring

We have seen that the concepts of individualisation and economic independence are closely linked to paid labour, and especially to the form of social security that is related to paid labour: social insurance. Demands for economic independence for women who have not yet participated (sufficiently) in paid labour to be eligible for social insurance benefits, have always met with political unwillingness: there is said to be no way that social assistance, which is what these women have to fall back on as a last resort, could be individualised so as to guarantee economic independence for everyone, in the sense of independence from one's partner.[23]

Political scientist Jet Bussemaker, who researched the history of demands for individualisation with regard to social assistance, maintains that the demands drowned in a sea of rhetoric. Social assistance is said to be a matter of responsibility and caring for others (needy citizens) and of solidarity, not of subjective and individual rights.[24] Individualisation is said to lead to selfish, calculating citizens and to atomism: social ties will fall apart. Solidarity must remain the basis of social assistance, because it enables the expression of citizens' responsibilities for their fellow citizens (certainly in their primary—family—environment).

---

22 See for (revealing) figures in this field, M. NIPHUIS-NELL, *De Emancipatie van Meisjes en Jonge Vrouwen*, Den Haag: Sociaal en Cultureel Planbureau (1992).

23 Social assistance is individualised in the sense that the benefits are determined in accordance with the individual (family) circumstances.

24 BUSSEMAKER, "De bijstandswet: van kroonstuk tot kind van de rekening", in C. BOUW (ed.), *Macht en Onbehagen; Veranderingen in de verhoudingen tussen mannen en vrouwen*, Amsterdam: SUA (1991) p. 195-207.

In other words, there is a huge gulf between demands for economic independence and individualisation (concepts which correspond to paid labour and social insurance) and social assistance. However, the problem is that economic independence and individualisation are, or can be, of paramount importance to those dependent (in the last resort) on social assistance. These are the people who have no access to paid labour and who are completely or partially dependent on family support or social assistance. These people are economically dependent in the modern sense.

Social assistance is a social safety net for people who have never worked for a wage or have been out of the labour market for a long time. They include the long-term unemployed, but also many divorced women with children. Their claim to social assistance is not based on the fact that they have paid for it (premiums), but on 'pure solidarity'. That is to say that the unpaid labour that these women perform, which is precisely the reason why they have often become dependent on social assistance, does not render them 'deserving' of an independent right to an allowance.

We have seen that the system of individualised social insurances for the employed is based essentially on an individual who is a male breadwinner and who can rely on someone else to perform his unpaid labour, or on an untied individual with little or no caring to do. Our system of social security takes unpaid caring by women into account in the supplementary allowances that breadwinners receive for non-earning partners (Old Age Pension supplements and the Supplementary Benefits Act), and in the Social Assistance Act. Those who are not (or no longer) able to be economically independent because of unpaid caring receive social assistance as a last resort—if they are also no longer entitled to alimony. The fact that unpaid caring is taken into account in this way will be further undermined if demands for individualisation result in supplementary allowances and so-called derived rights disappearing, and in the partners of those dependent on supplementary benefits and single mothers on social assistance thereby being forced into paid labour. [25]

4. A Feminist Approach to Economic Independence and Individualisation

I now want to go a little further into the question of how feminists approach the subject of economic independence and individualisation.

As to individualisation, I can be brief. In Holland this concept refers to making all entitlements to income, income protection or income taxation totally independent of any family means-testing. This concept refers directly to the way individualisation has already been structured in social insurance schemes. As I have pointed out, these schemes are based on an individual wage and an individualised wage-contract. As such it throws us into a dilemma concerning how we should treat care in the context of social security or income law.

As to economic independence: the Dutch women's movement and even official emancipation policy has always conceptualised economic independence as a double concept, meaning that any adult person should be able to maintain his/her independence in financial and in care matters. The dimension of care is new, compared with the content of economic independence in the context of social security and labour law. However, the feminist movement tends to let the aspect of care slip away as soon as they talk of economic independence in relation to social security rights.

---

25 In Holland the demand for individualisation in the field of supplementary allowances and social assistance has not yet led to any form of independent rights for women, but has provoked much discussion about how women should try to get paid labour instead of relying on the husband's supplementary allowance or on social assistance. The Government now actually makes it impossible for younger generations to apply for such allowances and puts more pressure on divorced women to start working again.

Up till now care has not been considered in the sphere of social security that guarantees economic independence, that is, in social insurance schemes. But—as I pointed out above—care has been very well considered in that part of the social security system that has no reference to economic independence: supplementary benefits and social assistance programmes. That means that care has been taken into account in the means tested part of the social security system which is based on the fact that some people are economically dependent (that is: persons with little or no access to paid work who are financially dependent on the family or the State).

The claim to 'individualise' social assistance in Holland draws not only upon a social insurance-based concept of individualisation and economic independence, but also upon "rights-talk". It means that the concept of a right to social assistance[26] must be broadened to an *individual* or *independent* right (not just a right of the family to get enough family support!). Although entitlements to social insurance payments as well as entitlements to social assistance payments both are termed 'rights', the legal justification for the two is fundamentally different. Within the field of social security a distinction can be made between rights-based and needs-based or obligatory entitlements or rights. On the one hand we have rights-based social insurance programmes, on the other hand we have needs-based social assistance programmes. In my Ph.D. thesis I analysed the difference between these types of social security entitlements. If rights are conceptualised as personal, subjective rights of the person, one can have very serious doubts about framing the legal entitlement to social assistance in terms of rights. Unlike social insurance payments, in which the conceptualisation of the entitlement in terms of rights is not unusual or "contra legal sense", the framing of the entitlement to social assistance as a personal, subjective right goes very strongly against a legal common sense as to what subjective or personal rights are about. The habit (in Holland) of speaking of a 'right' to social assistance mainly serves the purpose of setting at ease people who feel embarrassed about the charitable nature of social assistance. As such

26 Which has been accepted formally in Holland.—See also, *supra*, note 20.

the right to social assistance is more a symbolic right than a legal entitlement.

Not only does the concept of a right to social assistance fundamentally clash with traditional liberal notions which see right-holders as autonomous and free citizens, this concept also creates a few severe legal problems for social assistance claimants. Two of these I want briefly to deal with here.

The first difficulty is that we can hardly think of rights without obligations or duties. In the field of social insurance, the duties that correspond to the individual's right to a benefit are already fulfilled when the social risk that brings the right into effect occurs. Being employed for some period and having paid premiums are the basic duties that *constitute* the right to social insurance payments when sickness or unemployment occurs. The fulfilment of those duties makes it possible to speak of *deserving* recipients of social security.

Now what about the right to social assistance? How are the duties conceived of in this context? As unpaid work has never been considered a social duty that can deliver the goods (that is: the right to social assistance), in the case of social assistance the duties that go along with the right to social assistance are born at the moment one applies for it. This means that a very severe set of disciplinary norms of behaviour can be imposed upon the social assistance claimant in the name of him/her having to fulfil the duties corresponding to his/her right.[27]

Given that this is the consequence of the construction of a social assistance *right*, it is highly questionable whether we should claim that *needs* could be the basis of people's individual subjective rights. The Dutch Government has now stipulated the formal right to social assistance in a reform Bill, whilst at the same time imposing a new set

---

27 This is exactly how the introduction of a formal "right" to social assistance in the Social Assistance Act has been defended by the Minister of Social Affairs, who proposed it. People who have a right to social assistance can be asked to fulfil conditions or duties, such as becoming a member of the Alcoholics Anonymous (AA) or participation in a drug-addict programme.

of duties on social assistance claimants. Many of these duties constitute direct breaches of the fundamental civil rights of social assistance claimants (like the right to an undisturbed family life). Many other duties constitute indirect breaches of such rights (like the cohabitation rule constituting a danger to the right to privacy).

Here we see why a needs-based system of law is also so much an *obligatory system.* Claiming a right to social assistance might mean that you have to give up many of your civil rights and leaves little or nothing of your civic autonomy.

The second problem I will briefly deal with is the problem of contextuality that is linked to needs-based rights-thinking. Contextuality can be—and indeed has been—put forward in a feminist approach to law as a panacea for all the bad, individualistic and abstract features of traditional liberal law. The inclination towards contextuality can, for instance, be found in the work of Martha Minow.[28] Contextuality is almost a pre-given route (which you seem unable to escape) if you plead for a more needs-based system of law.[29] One can only see what needs should be met by law if the individual's context is taken into account. This inclination towards contextuality is not without serious dangers however. I can again illustrate this point with reference to the case of social assistance.

Social assistance programmes are—by definition—linked to context. To see whether a person is in need of a benefit, the welfare bureau has to look into the circumstances of the individual case. There are no formal or general rules that dictate how much and what form of social assistance is suitable in each individual case. In this sense every decision of the welfare bureau is 'contextual'. But does that do any good for the women who are dependent on them? I think not. The chief characteristic of context-linked programmes is that they are not ruled by formal or general rules, but that they leave a great deal of

---

28 M. MINOW, *Making All the Difference*, Ithaca/London: New York Cornell University Press (1990).

29 See I. M. YOUNG, *Justice and the Politics of Difference*, New Jersey: Princeton University Press (1990), especially where she speaks of "the politics of needs interpretation".

discretion to the civil servants or social workers who have to carry out the programme. And this discretion leaves them with a lot of power!

As long as the women who are dependent on social assistance are not the ones who have the power to define: *a*) their needs and *b*) what specific context or personal circumstances are deemed to be relevant, this type of contextuality renders them powerless against the State or State agents defining them as "welfare-mothers".

5. *Conclusions*

This paper contains more dilemmas and questions than it contains answers. What I wanted to show is that before entering into the construction of new feminist claims concerning "income law" we should first examine the old existing concepts and structures of the main parts of income law: labour law, family law and social security law. In this paper I concentrated on social security law. Important concepts that are used by the women's movement stem from the old gendered patterns of thought in social security law. These concepts (like individualisation, economic independence and the insurable social risk) cannot be used without the danger of engendering new dilemmas and pitfalls for women. There is no 'simple' way out, as the claim of individualisation of all social security programmes (including social assistance) would suggest. In particular, the demand for the individualisation of social assistance is very problematic, not only because it meets with a lot of political resistance, but also because it causes some serious legal problems for the people who are dependent on it. The seemingly equally 'simple' demand of changing the foundations of a legal claim or 'right' from merit (or paying premiums) and social risks to *need* also generates various serious dangers for women.

A fruitful co-operation between specialists in labour law and social security law can perhaps contribute to solutions to the dilemmas and pitfalls that I have described in this paper.

Chapter IX

Informal Norms and Gendered Labour Law

by Hanne Petersen

Y. Kravaritou (ed.), The Sex of Labour Law in Europe, 177–194.

1. The Background

When I started out studying labour law in 1983 my research theme was collective labour law in the public sector in Denmark. This was an area where collective agreements had gradually become more and more important, since an increasing number of labour relationships were being regulated by collective bargaining and statute law, and the status of civil servant was losing importance. As in most other western welfare states, the public sector was and is a very significant workplace employing about 800,000 persons. As is the case for most welfare states which fulfil a lot of public tasks concerning social, educational and health services, this sector also employs a great number of women. Actually the majority of persons employed in the public sector—and especially in the municipal sector—are women.

It therefore seemed "natural" that a female, and feminist, labour law researcher would be interested in the gender aspects of collective labour law in this sector.

It might seem natural, but it turned out not to be easy to describe the gender aspects in particular. The traditional sources for labour law research, the statutory regulation, and specifically the judgements of the labour court and decisions of the arbitration courts did not give much information on the situation of women. Despite the number of women employed in the public sector, it happened surprisingly rarely that organizations dominated by female membership had sued as plaintiffs, and when they had, the cases seldom concerned problems which could be termed specifically female or which concerned individual women.

I thus ended up with an analysis of collective labour law in the public sector which highlighted characteristics of the law. Primarily, it highlighted the importance of the loyalty of employees towards their management, and the less significant importance of the managerial rights so highly valued by private employers.[1] However, this did not reveal much about women and the problems they encountered in the workplace. The traditional legal sources would not provide that information.

What this study indirectly showed was what has been shown by a number of other researchers of labour law. Namely that labour law in the industrialized countries to a very great extent has been generated from the lives, living conditions, and obligations of ***men*** as waged workers, and men as family members in nuclear families. Here the wife was supposed to be doing unpaid work in her capacity as a housewife, and paid work on a much more "irregular" basis than men.[2] This starting point has influenced the values underlying labour law and the demands which have become transformed into regulation. And this may be one explanation for the fact that I found very little ***formal*** law and relatively few court decisions which dealt with the lives and values of women, not to speak of taking them as a starting point.

---

1 Hanne PETERSEN, *Ledelse og loyalitet. Kollektiv arbejdsret i den offentlige sektor* [Management and Loyalty. Collective Labour Law in the Public Sector], Copenhagen: Akademisk Forlag (1987).

2 Anita DAHLBERG, "Ett kvinnoperspektiv på juridiken - möjligheter och omöjligheter" [A Woman's Perspective of Legal Doctrine - Probabilities and Improbabilities], *RETFÆRD*, no. 32 (1985) p. 34-56.—Joanne CONAGHAN, "The Invisibility of Women in Labour Law: Gender-Neutrality in Model-Building", *International Journal of the Sociology of Law*, no. 14 (1986) p. 377-392.—Maria MIES, *Patriarchy and Accumulation on a World Scale. Women in the International Division of Labour*, London: Zed Books (1987).—Carol PATEMAN, *The Sexual Contract*, Stanford: Stanford University Press (1988).—Rikki HOLTMAAT, "The Power of Legal Concepts: The Development of a Feminist Theory of Law" (1), *International Journal of the Sociology of Law*, no. 17 (1989) p. 481-502.

With this background experience, I turned to a new research project, this time taking the perspective of women as the explicit starting point.

2. *The Empirical Study*

The absence of problems relating to women in written decisions cannot be interpreted as an absence of ***conflicts*** in the lives of women in *paid* work.[3]

I reckoned that many of these conflicts would be concerned with the conflicts and clashes between conditions and demands concerning the workplace and conditions and demands stemming from the family—between different life spheres. This relationship was thus the focus and the object of my study, the aim of which was to investigate the character of such conflicts and normative aspects and relevance of the solutions or attempted solutions proposed.

From the point of view of a "modern" understanding of law these clashes and conflicts take place in a "judicial void"[4] or "normative vacuum" since this relationship is hardly regulated by formal law.

However to study this sphere seemed the only way to obtain some knowledge of the normative aspects of the lives of women. It therefore sparked off theoretical reflections on the concept of law, which will briefly be presented later in this paper.[5]

The empirical study of the generation of informal norms was based on forty-one interviews with mainly women (thirty-nine) in four

---

3 In my study I have used the term "paid work" in order to distinguish more clearly between the different forms of work performed by women in different spheres. Very often paid work is just described as "work".

4 Tove STANG DAHL, *Women's Law. An Introduction to Feminist Jurisprudence. Norwegian*, Oslo: University Press (1987).

5 The theoretical aspects of the study have been described more thoroughly in my article: "On Women and Legal Concepts: Informal Law and the Norm of Consideration", *Social and Legal Studies*, vol. 1, no. 4 (1992) p. 493-513.

female dominated workplaces in the public sector. The public sector was chosen for reasons of my close knowledge of the formal regulation due to my earlier studies.

The workplaces studied were a crèche, a hospital department, an office in the Ministry of Education and a public assistance office, all of them in, or in the vicinity of, Copenhagen. These workplaces were selected to present female dominated workplaces, and the contact came about through personal contacts with officials in different unions or employers' associations. The attitude towards the process of interviewing was thus positive although also somewhat reluctant in some of the workplaces at the time of the interviews.

The interviews were carried out during the summer of 1987, where I spent about one week in each workplace observing the daily routines and interviewing.

The hypothesis of the study was that there would be conflicts and that they would have some impact on the way work was organized in the paid workplace. It was expected that it would be necessary to develop some kind of solution to these conflicts in order to facilitate the work process, and that this necessity would be felt both by employers and employees. I also expected that the areas of conflict would concern ***time*** consumption, the possibilities for meeting demands for ***caring,*** and ***money*** both as a general source for maintenance of women and their children as well as individual remuneration for paid work giving rise to questions of comparable worth.

The object of the study was thus not a comparison of the legal situation of men and women in the workplace, but rather an investigation of the normative consequences of a ***gender specific*** experience—the relationship between paid and unpaid work in the lives of women. The point of interest was to uncover whether "informal law" was developed in order to avoid conflicts in this interaction and to regulate them.

One might perhaps speak of this informal law as a ***gendered order*** in the sense that it is an order which regulates the lives of women and takes their living conditions as a starting point.

It is a well known fact that *formal* law has become increasingly gender neutralized in most western countries during the last two decades, but I would argue that this process has not taken place to nearly the same extent in the case of informal norms and orders.

3. *The Findings*

The majority of women in Denmark today are in the paid labour force, and the hours they work are increasing. Most women only leave the paid labour market for a short period of maternity leave, which is guaranteed by formal national legislation as well as by collective agreements.

With the exception of rights to maternity leave and limited rights in collective agreements in the public sector to one day off without loss of pay, when a child of under eighteen is sick, formal law hardly takes into account the fact that women and men have different living and working conditions outside paid work. The so-called "standard employment relationship" is based on certain assumptions such as "normal" working hours, stability and duration of the employment relationship, etc.[6] These conditions will be met by most men and by less women. The formal regulation is still based on the actual gender-based division of work ***outside*** paid work, such as it has traditionally been experienced by men.

It cannot be overlooked that this constitutes a great strain on post-modern private relationships (marriages and families) where it is extremely difficult to combine nuclear family life with "normal" paid work for both partners. The rise in the divorce rate may very well be linked to inadequate labour regulations as well as to inadequate concepts of work and of working life.

---

6 Ulrich MÜCKENBERGER, "Die Krise des Normalarbeitsverhältnisses", *Zeitschrift für Sozialreform* (1985) p. 415-434 and 457-475.—ID., "Non-Standard Forms of Work and the Role of Changes in Labour and Social Security Regulation", *International Journal of the Sociology of Law*, no. 17 (1989) p. 381-402.

Women's work outside paid work is time consuming and the time demands of paid and unpaid work do not correspond. This often leads (married) mothers to perform paid work "part-time" or for less than the "normal" number of hours. Care of sick children is a frequent example where conflicts arise concerning the level and quality of care which women may want to provide, but are not able to.

Money conflicts reflect the different values attached to paid and unpaid work. The practical question for the interviewed women was not only that they were not being paid an equal wage that of to men, who did ***paid*** work of "equal" value. It was also a question of the individual and societal evaluation of different kinds of activities (paid as well as unpaid) which are carried out within different parts of the social field. Many of the women felt that it was *unjust* that they were paid less than their *husbands* or male *relatives,* the persons with whom they would first compare themselves, when asked about equal pay.

Women are not all in the same position either in the workplace or outside it. Their different positions and societal status means that their experiences of conflicts differ. Conflicts ***between*** women lead some women to desire a relaxation of the gender-based division of paid work. The different conditions and situations of women outside paid work may also result in gender conflicts between women and men.

In order to avoid or to minimize conflicts and tensions, and especially those between paid and unpaid work, women in female dominated workplaces have developed different and more or less conscious "legal" strategies. To a certain extent they have ***circumvented*** existing formal legal rules and principles. Managerial rights to direct work were to some extent taken over in order to adjust the competing conditions of different spheres. Formal law was thus changed and interpreted according to (local) needs and circumstances.

The female-dominated workplaces I investigated tended to generate and ***develop informal law*** (homespun rules as they have also been called) which functioned both to counteract (some of) the tensions experienced, and to protect the caring needs emanating from the living and working conditions outside the workplace. The informal norms also functioned to maintain these living conditions outside paid work—mostly in their present form, based as they normally are on a gender-based division of labour.

Informal law serves the interests of women employed in female dominated workplaces since they could not otherwise make ends meet in their every day life. But in its present form it also serves the needs of employers who would not be able to make women's work-places function without some (minimal) kind of consideration of the total living conditions of their female employees.

Informal law cannot secure the needs of all women equally. My investigations suggest that informal law in women's workplaces especially satisfies the needs of relatively "powerful" women. In practice these are women who live in "normal" nuclear family relationships, where a certain division of labour and money takes place, and where there are some possibilities for assistance, for instance, in the form of help from grandparents.

The needs of weaker groups of women—especially single mothers—are more difficult to secure. They are difficult to secure in the formal legal system because they concern a group of women who normally are in the minority and because the "normal" democratic legislative system does not have strong incentives to take the interests of minorities into consideration. They are also difficult to secure because the semi-autonomous field,[7] which generates informal law, tends to meet the demands of the stronger groups, in this case the stronger "normal" women.

This situation of different beneficiaries of different types of normative systems stresses the necessity of examining the division of rights and duties both within the formal legal system and within the informal legal system as well as their interplay. Not all women benefit equally from these norms, be they formal norms of equality between men and women or informal norms of consideration concerning actual divisions of labour (and power).

---

7 This concept has first been used by the legal anthropologist, Sally Falk MOORE, in her article: "Law and Social Change: the Semi-Autonomous Social Field as an Appropriate Subject of Study", in ID. (ed.), *Law as Process*, London/Boston/Melbourne/Henley: Routledge and Kegan Paul (1978) p. 54-81.

I have tried to investigate the relationship ***between*** formal and informal law by examining case law concerning the role of customs and equity. Reports from cases heard at the industrial tribunals demonstrate that courts do ***not*** at present consider living and working conditions outside work to be so important that they will make any difference when deciding a case in a conflict concerning, for instance, the starting time of the working day.

The dominance of paid work over unpaid work is inherent in formal law. Formal law thus internalizes values linked to paid work and ranks them over the values linked to unpaid, often caring work.

With more and more women in the paid labour force, it becomes increasingly clear that this is a situation which cannot go on. Crises of care are increasingly occurring in the old industrialized countries—and this regards a lack of care both in relation to human beings and to nature. The myth of "man" as an independent individual is unmasked when woman also joins the paid labour market and leaves the dependent human beings behind her. In Scandinavian countries the resolution of this problem is normally left to the "public" sphere. It may seem ironic that the last one and a half decades, characterized by the professed "privatization" of many activities, have actually witnessed a very significant trend where what was formerly "private" dependency has "gone public". This de-individualization has taken place both through the creation of public/municipal institutions and through the generation of informal norms in female workplaces.

4. Informal Law and the Norm of Consideration –Theoretical Reflections

The normative analyses of the empirical observations and interviews revealed the existence within the workplaces of patterns of normative behaviour which I labelled *"informal law"*.[8]

The inspiration for a theoretical discussion of the normative aspects of the patterns encountered in my study of informal law came from different sources. Important theoretical support and ideas were found in the discussions among mainly legal anthropologists and legal sociologists on the subject of ***legal pluralism***.[9] These studies deal with norms other than those of formal law.

The notion of ***reflexive law***[10] also implies another understanding of law—one where procedural norms may be formal and general, but where the material norms and concrete solutions must be found in the reflexive relationship between the parties involved in specific conflicts or sharing mutual responsibilities.

Furthermore, discussions of ***post-modern law***[11] and ***polycentric law***[12] may provide inspiration for a revision of our understanding

8 This concept has been used by Stuart HENRY in his study, *Private Justice. Towards Integrated Theorising in the Sociology of Law,* London/Boston/Melbourne/Henley: Routledge and Kegan Paul (1983) where he also bases his work on studies of workplaces.

9 MOORE, *supra,* note 7.—John GRIFFITHS, "What is Legal Pluralism?", *Journal of Legal Pluralism and Unofficial Law,* no. 24 (1986) p. 1-55.—Peter FITZPATRICK, "The Rise and Rise of Informalism", in Roger MATTHEWS (ed.), *Informal Justice?,* London: (1988).

10 Günther TEUBNER, "Substantive and Reflexive Elements in Modern Law", *Law and Society Review,* no. 17 (1983) p. 239-284.

11 Karl-Heinz LADEUR, "Klassische Grundrechtsfunktion und "post-moderne" Grundrechtstheorie", *Kritische Justiz,* no. 2 (1986) p. 197-206.—Boaventura DE SOUSA SANTOS, "Towards a Postmodern Understanding of Law", in André-Jean ARNAUD (ed.), *Legal Culture and Everyday Life,* Oñati Proceedings, Gráficas Santamaria

(continues on next page)

of law, which may be useful also within labour law. Discussions about post-modern and polycentric law challenge the modern concept of law, which restricts the concept of law to formal law generated in specific (typically national) centres. This modern, positivist, uniform formal law is legitimated by rationality and to a very large degree refuses to discuss the relationship between norms and values.

The discussion between law and values, law and ethics [13] and law and morality is also a very important source for a rethinking of law as a normative order which deals with the lives of gendered human beings in different phases of their life cycles and in their interrelations to other beings in the environment. The work of Nel Noddings [14] on caring, which attempts to develop a feminine approach to ethics, may be another inspiration here.

The concept of ***informal law*** is in this context used to describe norms and normative patterns generated and developed by women within the semi-autonomous social fields made up by the female dominated workplaces under investigation. The "semi-autonomous social field", has both "rule-making capacities, and the means to induce or coerce compliance". [15]

Informal law, as I have described and used the concept based upon the empirical analysis, consists of a set of patterns of (local) normative conceptions, behaviours and conducts. There is no sharp distinction between law and morals or between law and fact. [16] The

---

(1989) p. 113 -123.—Anthony CARTY, "Introduction: Post-Modern Law", in ID. (ed.), *Post-Modern Law. Enlightenment, Revolution and the Death of Man,* Edinburgh: Edinburgh University Press (1990) p. 1-39.

12 Peter BLUME and H. PETERSEN (eds.), *Retlig Polycentri* [Legal Polycentricity], Copenhagen: Akademisk Forlag (1994).

13 Costas DOUZINAS and Ronnie WARRINGTON "'A Well-Founded Fear of Justice': Law and Ethics in Postmodernity", *Law and Critique,* vol. II, no. 2 (1991) special issue on law and post-modernism.

14 Nel NODDINGS, *Caring. A Feminine Approach to Ethics and Moral Education,* Berkeley/Los Angeles/London: University of California Press (1984).

15 MOORE, *supra,* note 7.

16 See also Clifford GEERTZ, "Fact and Law in Comparative Perspective", in ID. (ed.), *Local Knowledge. Further Essays in Interpretative Anthropology,* New York: Basic Books Inc. (1983) p. 167-234.

normative perception—in this case that the conditions of life and work outside paid work must be taken into consideration when organizing and carrying out paid work—is deeply integrated with what women actually do in the workplace.

The validity of this informal normative order does not depend on sanctions performed by state institutions, but rather upon whether the norms are actually followed by the majority of those who participate in paid work at the local level. ***Sanctions*** are of a more general, moral and practical character. The validity of informal norms is not a general one. It might be described as "contextual validity". Informal norms are valid to the extent which they are actually followed within the semi-autonomous field within which they are generated.

The limited number of the interviews conducted raises the question of the representativity of the norms studied. Whereas formal norms created by legislative power or by the judiciary are mostly considered to be generally applicable, one cannot expect the informal norms studied in a limited semi-autonomous social field to be valid in ***any*** workplace. However, I think the investigation does support the assumption that under like conditions—that is female dominated workplaces—one will encounter some kind of informal norms, the concrete content of which will be dependent upon, among others factors, the type of work and the age composition of the work force. The term "contextual validity" is intended to describe both the limited and the conditional character of the norms.

Informal law in the area which I have studied finds its most distinct expression in what I have called a ***norm of consideration.*** This norm implies an informal actual obligation to consider needs and work obligations which arise outside of paid work. The level and degree of the actual consideration shown is dependent on local relations of power, local knowledge about needs and a general but not necessarily explicit evaluation of the quality (and acceptability) of these needs. The "implementation" of the norm of consideration also depends on the character and conditions of paid work and on a balancing of these different factors.

One might tentatively describe the norm of consideration as based on an idea of "work" which extends paid "public" work in its modern sense, and as based on values which do not focus exclusively on economic issues. Additionally, the norm of consideration does not focus on the individual as such, but rather on the relationships within which the individual acts, and the needs emanating from such relationships. It does not provide individual rights but rather collective duties—that is duties of colleagues to consider the needs arising from relationships outside the workplace. Without the contributions of female colleagues it would not be possible to "implement" the norm of consideration.

The norm of consideration makes it possible for (some Danish) women to ensure that their paid work does not imply a total abandonment of the needs of care in the "private" sphere. Behind every female employee stands, as a potential or actual fact, a child (or a dependent person), and this relationship influences women's conditions of paid work as well as the informal normative system. The norm of consideration at the same time renders it possible and tolerable for the male paid worker and his family to remain a family. It thus secures that the demands on men which are made at present by the sphere of paid working life can be upheld to a certain degree. Behind (almost) every male paid worker stands a woman who makes it possible for him to work the hours and intervals which he does and under the conditions which he has to and is able to accept.[17]

The norm of consideration may thus be termed a "conservative" norm. It relieves (some) women of some of the burdens emanating from the necessity to combine paid work and communal life outside paid work. But the relief is achieved by sharing the burden with other women in a gender-divided workplace.

The way the norm of consideration operates does not yet apply strong pressure to the workplaces of men (which are in Denmark mostly in the private sector) to force them to adapt to the obligations of work and of time consuming activities outside work. Informal law may shield formal law from critique and from incentives to adjust to a changing workplace.

---

17 C. PATEMAN, *supra*, note 2, p. 131.

5. *Gendered Labour Law*

The fact that the paid work force is increasingly composed of both genders adds to the complexity of "working" life and thus challenges the existing regulations generated to solve problems in this field. Whether what is taking place is a total erosion of the very foundations of labour law or something less, it is probably too early to judge.

Some of the fundamental elements of labour law, which are questioned when one focuses on the generation of informal norms in (women's) workplaces, are the *relationships* which have been considered *the* most important in labour law; the *concepts* which are considered central and well known in labour law and the *categories* used.

Contrary to "traditional" labour law, which concerns primarily the relationships between employer and employees, informal law in women's workplaces is generated not only in the relationship between management and labour but even more importantly in the relationship ***between employees.*** The generation of informal law thus undermines the paradigm of the two-party relationship as the most important locus for regulation of labour relations. This relationship has been considered as the basic starting point for European labour law throughout this century.

Another basic relationship has been that between the individual and the state. However this is historically also a relationship which has its origin in the relationship of the adult independent male towards the bourgeois *Rechtsstaat.*

If we take the gendered character of the paid labour force into account we have to look for other ***relationships*** if we want to investigate those areas which cause problems and difficulties for today's paid workers. We have to look for the relationship between work and family, for the relationship between time structures, the division of labour and the responsibility governing these spheres. This draws attention to the relationships between ***workers*** and between different types of work, contract work in the market and status work in the family.

A different vision of relationships and a different view of their relevance for members of the work force will also have implications for which *conflicts* are considered important. Conflicts between management and labour have dominated labour law and labour law teaching. Such conflicts do not totally lose their relevance when the labour force becomes more gendered, but they may change in focus and importance. Conflicts concerning pregnancy may be as important for women as conflicts, for instance, over wages. But where wage conflicts will often be considered as collective and thus subject to collective negotiations and perhaps the use of strikes and other collective "weapons", conflicts concerning pregnancy are still to a great degree considered more "individual", and the strike weapon is seldom used in pregnancy cases.

When the focus is shifted towards the conflict between work and family, it also becomes clear that the traditional weapons of the collective industrial conflict are not useful. Thus other types of understandings may be needed as to what constitute conflicts in working life, as well as what could be forms, means, and institutions for overcoming them.

The *concept* of ***labour*** in labour law has to be investigated much more thoroughly in the light of the changed and changing gender composition of the "work" force in the paid labour market.[18] An important function of labour law has been to distinguish between employees and self-organized workers. The work performed by the employee has been characterized by the principle of obedience, by remuneration according to time spent and by the absence of responsibility for tools and materials on the part of the worker. The blue collar worker and the white collar worker have been accompanied by the pink collar worker, but she still works in the market place. Her

18 H. PETERSEN, *Feminist Reflections on the Concepts of Law and Labour,* Retsvidenskabeligt Institut B, Studier no. 34 (1989);—ID., *Informel ret på kvindearbejdspladser. En retsteoretisk og empirisk analyse* [Informal Law in Women's Workplaces. A Theoretical and Empirical Analysis], Copenhagen: Akademisk Forlag (1991).

"self-organized", "independent" status work outside the labour market and its implications for her as an employee in the market were not taken into consideration when framing the concept of labour in labour law. However its present existence and impact has lead to the creation of concepts such as "standard" or "normal" work as well as to "atypical" or "part-time work".

Perhaps one of the consequences of the entrance of women into the labour force has been to demonstrate that we are reaching the limits of the modern concept of labour, which seems to have close links to the idea and development of the nation state, starting around two hundreds years ago in Western Europe.[19] It seems that the concept of labour can no longer describe and distinguish a certain sort of activity only having regard to the characteristics of the sphere where it is carried out. The term work can no longer be reserved for activities performed in the labour market for salaries or wages. If this is a correct description of the development we are witnessing, we may have to look for other qualities which could or should characterize those activities which we want to serve as a basis for rights and obligations.

Some of these activities and their interrelationships are already qualified and regulated, for instance, through everyday practices and informal law. This fact is an invitation and a challenge to look for a broader concept of law and/or a more adequate understanding of normative phenomena. Lawyers ought to be able to study and to deal with the normative orders which actually govern or greatly influence the lives of members of communities, societies and semi-autonomous fields—among them women. It is unsatisfactory and insufficient to declare that women live in a "judicial void", thus leaving a very important aspect of those problems facing today's paid workers outside the concern of "labour law".

Labour law—as many other fields of law—is burdened by the legacy of the public/private divide. The *categories* of public and private are well known in modern society and modern law. But with women entering the "public" labour market, it becomes increasingly

19 H. PETERSEN, *Feminist Reflections, supra,* note 18.

difficult to uphold the division. Unpaid work done in the "private" sphere has implications for the organization of paid work done in the public sphere. "Private" work and private conditions become de-individualized and become cause for concern for the public sphere and public institutions such as unions, who have not been used to dealing with the problem of the division of labour *among* members outside the workplace. Many of the problems which are important—not just for women but for society at large—are excluded from, or not included in, the concerns of labour law. And neither are they included in the concerns of a great many other fields.

A concept of law—and a categorization of legal disciplines—which in actual fact only covers the lives of a minority of the population (mainly adult, white, male workers) seems to be very problematic not just for law but also for social stability and ecological balance.

The epistemology and axiology of modern law and modernism in general is increasingly being questioned in these years of turbulence of values and realities, and the feminist challenge is but one of those posed to the universality of the modern legal system, its form and value underpinnings. In the years to come it will probably have to look to a further development of this critique as well as to seek allies in the search for answers and alternatives to the questions which lie ahead.

Chapitre X

Pour la sexuation — équitable — du droit du travail

par Yota Kravaritou

Y. Kravaritou (ed.), The Sex of Labour Law in Europe, 195–215.

L'égalité était l'enjeu du mouvement féministe des années soixante-dix et avant ces années déjà, l'égalité entre les hommes et les femmes dans la vie sociale, en famille, en droit. Si le droit du travail, dès l'origine, avait octroyé aux femmes un protectionnisme spécifique, celui-ci n'a fait que refléter l'idéologie dominante de l'époque qui traduisait les rapports de force ayant engendré le *contrat social doublé d'un contact sexuel* caractéristiques des rapports entre les sexes aujourd'hui. Suivant ce(s) contrat(s), l'homme est destiné à la sphère publique et la femme à la sphère privée ; la place de l'homme est sur le marché du travail, où il s'occupe de la politique et des emplois rémunérés, celle de la femme est au foyer où elle s'occupe des travaux non payés : c'est la biologie de la femme, son corps, qui déterminent sa façon dépendante d'exister, liée à ses enfants et à d'autres, sa façon non autonome d'être. Le droit du travail, en réalité, n'a pas seulement reflété mais a plutôt structuré, modelé la condition de la femme ouvrière.

Le point de départ n'était certes pas, à l'époque, l'égalité, réservée aux seuls hommes, mais la soi-disant faiblesse des femmes, leur *infirmitas sexus* qui cache aussi — de vieux textes juridiques l'évoquent bien — le soupçon de *l'imbecillitas sexus.* Les femmes étaient d'ailleurs à ce moment juridiquement des mineures — ou des esclaves, selon Victor Hugo[1] : les autres décident et légifèrent sur leur destin comme bon leur semble.

---

1 D'après sa célèbre lettre de 1880 :

> La loi a des euphémismes ; ce que j'appelle une esclave, elle l'appelle une mineure, cette mineure selon la loi, cette esclave selon la réalité, c'est la femme.

(la note continue sur la page suivante)

1. Réglementation du travail salarié et contrôle de la sexualité

Le « destin » juridique de l'ouvrière s'était déjà, me semble-t-il, dessiné un peu avant que les hommes les plus progressistes de l'époque, tels que ceux qui ont participé aux travaux de la Première Internationale, n'aient affirmé en 1866 que « la femme sans la famille n'a aucune raison d'être sur cette terre »[2]. La première loi anglaise interdisant le travail des femmes dans les mines, à la suite du célèbre rapport parlementaire de 1842, constitue la matrice fondamentale: elle contient les principes et la philosophie des réglementations du travail à venir[3] et, par la suite, inspirera *grosso modo* toutes les législations des États industrialisés européens, pour devenir l'idéal-type mondial concernant le travail — et la vie — des femmes (salariées).

Cette première législation anglaise est adoptée à un moment historique où, dans la sauvagerie du développement industriel et dans le *vide juridique,* apparaît une nouvelle catégorie de femmes qui sont les ouvrières, en l'occurrence les ouvrières des mines. Parmi ces travailleuses, il y a aussi des épouses et des mères, mais toutes les ouvrières des mines ne le sont pas. On peut y trouver des femmes non mariées, économiquement indépendantes, qui jouissent d'une grande liberté sexuelle, tout en travaillant, bien sûr, dans des conditions de travail exténuantes. La lecture du rapport britannique de la

---

L'homme a chargé inégalement les deux plateaux du Code, dont l'équilibre importe à la conscience humaine.

2 Voir Jacqueline HEINEN, « De la Première ère à la Troisième Internationale, la "question" des femmes », *Critique communiste,* n° spécial, *Femmes, capitalisme, mouvement ouvrier* (1978) p. 109-179.

3 À savoir du modèle anthropologique du travail toujours encore en vigueur.

Commission de recherche sur le travail des enfants dans les mines[4], des réactions qu'il a provoquées et du texte de la loi interdisant le travail féminin dans les mines laisse bien apparaître que les objectifs inavoués du législateur sont :

a) de faire disparaître cette catégorie de femmes auxquelles ce travail procurait — à part ses peines — un certain degré d'indépendance et d'autonomie ;

b) d'emprisonner la femme dans son rôle maternel et ménager, au sein du cadre familial ;

c) de réserver ces emplois aux seuls hommes.

Il s'agit de trois objectifs politiques et économiques fondamentaux de cette législation qui définit la nouvelle répartition du travail au sein de la famille et en dehors d'elle, renforçant en même temps l'institution familiale. Ces objectifs inavoués s'inscrivent sur un fond commun et habituellement invisible : le contrôle de la sexualité des femmes. C'est sans aucun doute le climat victorien qui a mis en évidence cette « nécessité » de réprimer la liberté sexuelle des ouvrières des mines, liberté qui allait de pair avec une éthique qui, rappelons le, n'avait rien de commun avec celle de la classe dominante — comme, par exemple, leur conviction que les enfants nés hors mariage dans les milieux ouvriers des mines sont considérés comme *« une infortune, non un crime »*[5].

---

4 Il s'agit du célèbre rapport de plus de deux mille pages présenté au Parlement britannique en avril 1842 après l'enquête demandée en 1840 par Lord Ashley qui a inspiré un grand nombre d'écrivains et aussi de l'ouvrage de F. ENGELS, *La situation de la classe laborieuse en Angleterre*, Paris: Éditions Sociales (1973), publié pour la première fois à Leipzig en 1845. Voir extraits du rapport, in Eugene BLACK (ed.), *Victorian Culture and Society*, New York (1979) p. 167 et suiv. — Bien que la loi de 1833 *On Factories* interdît le travail des enfants de moins de neuf ans dans l'industrie et limitât le travail à neuf heures pour les enfants de neuf à treize ans et à douze heures pour les adolescents, il s'est avéré que dans les mines le tiers des travailleurs étaient des enfants dont certains, les fameux *« trappers »*, n'avaient que quatre ans.

5 Comme l'observait avec stupéfaction le prêtre Mgr. Collin, voir E. BLACK, *ibid.*, p. 175-176.

En effet, il est vrai que le Parlement et la société anglaise de l'époque avaient avant tout été choqués par le climat de débauche, l'activité sexuelle et le grand nombre des enfants nés hors mariage dans les régions minières, c'est-à-dire par les « conséquences dégénératrices » du travail des femmes, par les mœurs, plus que par les conditions inhumaines de travail dans les mines. Le rapport décrit comment dans les mines souterraines, où la chaleur est insupportable, les femmes jeunes et moins jeunes travaillent en portant seulement des pantalons tandis que les mineurs travaillent à leurs côtés souvent tout nus. Il compare le lieu de travail à une maison close. Un inspecteur rapporte que :

> Dans une mine pres de Nenvilles la chaîne qui passait haut entre les jambes de deux filles avait ouvert de grands trous à leurs pantalons. Je ne peux pas m'imaginer un spectacle plus dégoûtant, immoral, honteux — aucune maison close ne pouvant être comparée à cela.

Les gravures sur bois qui illustraient le rapport par des images éloquentes choquaient encore plus les membres aristocratiques et bourgeois du Parlement. C'était le cas surtout de la gravure représentant une jeune ouvrière habillée en homme — à cette époque, c'est le vêtement de travail — qui a l'air de se sentir bien dans sa peau et qui sans doute aux yeux du public victorien (du moment) ne présentait pas de grande différence avec une prostituée. Pour un public du début de notre siècle, cette image évoque plutôt une femme émancipée, libérée des vêtements traditionnels pesants et étroits, sensuelle, une femme bien dans son corps.

La conséquence de cette enquête portant sur les droits des enfants dans les mines fut d'interdire le travail dans les mines des femmes de *tous les âges* — mais pas celui des petits garçons de neuf ans. Conséquence secondaire : des enquêtes analogues allaient être effectuées dans d'autres pays[6], comme la *Belgique* où en 1845 une enquête fut menée sur le travail et les conditions physiques et

---

6 En France était déjà publié le rapport du docteur VILLERMÉ, *Tableau de l'état physique et mental des ouvriers employés dans les manufactures de coton, de laine et de soie,* 2 t., Paris: Renouard (1840), réimpression, EDHIS, 2 t. (1979).

morales des ouvrières employées dans les manufactures du coton à Gand [7]. Bien qu'en Belgique le travail dans les mines et le travail de nuit des femmes et des enfants des *deux sexes* fût interdit, l'accent fut mis, comme le souligne Éliane Vogel-Polsky, davantage sur la *moralisation* que sur l'octroi de conditions susceptibles de faciliter le travail salarié des femmes.

> [On] évoque les obligations de l'ouvrière au sein du mariage, mais la majorité des femmes n'étaient pas mariées. L'état matrimonial n'était pas la norme. Beaucoup de femmes sont hors norme et ... un nombre non négligeable d'entre elles doivent vivre assurément de leur travail.

Leur salaire n'est sûrement pas un simple appoint, ils les fait vivre. La protection est limitée aux femmes qui travaillent dans l'industrie, bien que leur nombre soit réduit par rapport aux autres branches d'activité où les maladies professionnelles sévissent. La disposition de protection correspond à un mécanisme d'exclusion. La conjoncture économique laisse des traces sur la structure sexuée : la loi mythique sur le droit des femmes et des enfants en Belgique est finalement adoptée au lendemain d'une crise économique qui a provoqué chômage et baisse des salaires, et elle « encourage » les femmes par des discours moralisateurs et autres mesures à s'occuper de leurs foyers, de leurs maris et de leurs enfants [8].

> Ce travail dans les mines [selon le rapport anglais] détruit tout à fait le caractère féminin. Les mœurs et les sentiments de ces femmes sont tout à fait différents ... [elles] ne sont pas en mesure de répondre aux responsabilités de l'épouse, ni de la mère [9].

La loi prend, par conséquent, les mesures nécessaires pour « construire » cette épouse et mère en lui attribuant tâches et espaces propres. Sa place est au foyer, elle doit se dévouer à sa famille ; sans elle « elle n'a pas de raison d'être sur cette terre ».

---

7 Voir la contribution d'Éliane VOGEL-POLSKY, *supra*, chap. II, p. 33 et suiv.

8 *Ibid.*

9 Suivant le docteur Saddler in E. BLACK, *Victorian Culture, supra*, note 4, p. 176.

On retrouve, aux cours des décennies suivantes, dans tous les pays européens sans exception[10], ce même souci et discours légiférant à propos du travail des femmes dans l'industrie. On ne peut éviter d'envisager la question du fait qu'un grand nombre de femmes se trouve déjà dans les usines. Tout en effectuant un travail salarié, les femmes ouvrières doivent — selon les membres des corps législatifs — assurer en même temps la reproduction sociale de la classe ouvrière. « Il faut que l'ouvrière puisse rester le plus de temps possible dans son intérieur », affirme-t-on lors du débat français[11]. Il faut donc accorder certaines facilités et « protections » à cette créature, puisqu'étant vouée à la maternité pour laquelle elle doit faire des « sacrifices incessants » ; de toute façon « sa vie même ne lui appartient pas ». « Nature » féminine oblige, outre la sauvegarde de la « race ». D'après l'intervention d'un député à la Chambre française en 1890[12] :

> Les conditions physiologiques spéciales et l'organisme féminin ont doté ce dernier d'une fragilité et d'une délicatesse particulières. Ainsi notre devoir à nous législateurs est d'assurer l'avenir de la Nation en sauvegardant la race et en ménageant les forces et la santé de la classe la plus nombreuse.

C'est clair et limpide : *primo,* cet organisme féminin fragile doit effectuer un travail salarié et en assurer ensuite un autre, celui de la reproduction. *Secondo,* l'ouvrière n'est ni un sujet ayant sa propre personnalité, ni un individu libre et égal : elle n'est qu'une « femme » ; elle n'est qu'un « moyen », un être humain qui s'efface non seulement devant la famille mais aussi devant la classe la plus nombreuse et — grâce à — la race. On identifie la femme salariée tant à la famille qu'à la nation. Le droit du travail, en conciliant pou-

---

10 Voir Bob HEPPLE (ed.), *The Making of Labour Law in Europe: A Comparative Study of Nine Countries up to 1945,* London: Mansell (1986).

11 Régine DHOQUOIS, *Protection de la productrice ou protection de la reproductrice, Actes,* n° 16 (1977) p. 15; même in Francis COLLIN, Régine DHOQUOIS, Pierre-Hubert GOUTIERRE, Antoine JEAMMAUD, Gérard LYON-CAEN et Albert ROUDIL, *Le Droit capitaliste du travail,* Grenoble: Presses Universitaires de Grenoble, coll. « Critique du droit » 5 (1980) p. 228 et suiv.

12 R. DHOQUOIS, *Protection de la productrice, loc. cit.*

voir mâle, pouvoir capitaliste et intérêt de la nation, « oublie », dès le début, le principe de l'égalité quant aux femmes.

Comme le statut différent de la femme salariée se base sur la petite différence anatomique ou sexuelle, on pourrait dire que Catherine MacKinnon a raison lorsqu'elle affirme que le droit tout entier se fonde et se construit sur l'exploitation de la sexualité des femmes[13], si ce n'est qu'elle ne mentionne pas suffisamment les changements provoqués par l'opposition et la résistance des femmes et les fissures que celles-ci causent à l'édifice juridique.

Les mécanismes de cette exploitation de la sexualité des femmes sont certes très subtils : les salariées doivent être en même temps « femmes », à savoir douces, dépendantes, dévouées à la famille et sans désir pour pouvoir être au service de la société industrielle. Le désir est exorcisé — il est perturbateur[14] de l'ordre. La salariée, tout comme les autres femmes, est soumise et limitée par les règles à l'amour conjugal et maternel.

Rendre visible la condition propre des femmes salariées

On ne peut rendre visible la condition de la femme salariée — et le sexe du droit du travail — sans prendre en considération les *autres disciplines juridiques,* notamment le droit de la famille et le droit de la sécurité sociale[15]. Leur impact sur le travail salarié des femmes est bien démontré par Kirsten Scheiwe quant au *temps* fragmenté dû aux obligations multiples des femmes et aux différents types de travail qu'elles doivent accomplir. Leur adaptation en tant que « genre » (sujet collectif) au temps masculin de l'économie de marché dans

---

13 Catherine MACKINNON, *Feminism Unmodified: Discourses in Life and Law,* Cambridge: Harvard University Press (1987).

14 Voir Elena PULCINI, *Amour-passion e amore coniugale,* Venezia: Saggi Marsilio (1990).

15 Mais aussi d'autres branches tel le droit fiscal dont l'interaction crée le statut différent et inférieur ; – voir la contribution de Kirsten SCHEIWE, *supra,* chap. III, p. 55 et suiv.

laquelle opère le droit du travail a des conséquences négatives sur les droits des femmes et les prestations prévues par le droit de la sécurité sociale. Le droit du travail, en ignorant les obligations familiales de l'employé(e), ou plutôt en faisant semblant[16] — l'exemple allemand ne diffère pas de celui des autres pays membres —, ne prend en considération que les besoins en argent comptant *(in cash)* et non pas en nature *(in kind)* d'une famille[17]. Or, il est nécessaire de se rendre compte des besoins dans leur ensemble et aussi du travail non payé des femmes qui vient couvrir grand part de ces besoins[18].

En ce qui concerne les droits égaux des femmes en matière de sécurité sociale, on ne peut plus soutenir tout simplement que les salariées peuvent avoir les mêmes droits que les salariés sur la base des *principes* de l'égalité, de l'indépendance économique et de l'individualisation. Rikki Holtmaat, en étudiant le système hollandais et la rémunération dans le cadre de la théorie de participation du travail *(arbeids participatieve theorie),* démontre bien les racines profondes de l'indépendance économique et de l'individualisation dans les structures traditionnelles et hiérarchisées des branches juridiques qui sont d'une certaine façon « jumelles »[19], à savoir celle du droit du travail et celle du droit de la sécurité sociale. Le principe d'individualisation en droit hollandais — se trouvant dans la ligne de l'assimilation — ignore le contexte, les obligations autres que celle découlant du travail de l'employé(e). Il s'agit d'un retour à l'abstraction juridique qui va créer plus d'impasses pour les femmes : celle de l'indépendance écono-

---

16 Parce qu'il la prend en considération mais de façon à consolider son caractère sexué et hiérarchique suivant la logique, par exemple, des prestations familiales ;— voir aussi l'introduction, *supra,* chapitre I, p. 15 et suiv.

17 K. SCHEIWE, *supra,* p. 84.

18 Les critères en cas de licenciements collectifs en Allemagne, (K. SCHEIWE, *supra*) en Grèce et ailleurs sont sans doute sexués, car ils protègent l'homme chef de famille suivant des critères dits sociaux qui reflètent la hiérarchie entre les sexes. La question n'en reste pas moins délicate et la solution du problème, croyons-nous, sera donnée aussi par la transformation que l'institution familiale est en train de subir. Nous songeons non seulement à la famille monoparentale dont le nombre ne cesse d'augmenter mais aussi à la famille recomposée et à celle dont l'époux et père est chômeur. La réalité de la famille en Europe change profondément.

19 Voir la contribution de Rikki HOLTMAAT, *supra,* chap. VIII, p. 157 et suiv.

mique, dont la logique traditionnelle et sexuée de la sécurité sociale, ignore absolument le travail non payé des femmes. Elle ignore donc tout le contexte dans lequel se réalise le travail payé, non payé (et aussi les loisirs) des femmes comme *gender*. Or, la question est justement de redéfinir les fondements mêmes des revendications juridiques concernant les femmes dans le cadre du droit du travail et de la sécurité sociale compte tenu de toutes les activités féminines. Comment faire rentrer dans les systèmes de sécurité sociale et d'assurance le travail non payé des femmes non salariées[20].

Pour rendre visible en droit le travail des femmes, les auteurs féministes utilisent aussi des approches épistémologiques et des méthodes partant de l'organisation matérielle de la vie quotidienne des femmes, qui *génèrent des normes encore méconnues* par le droit du travail. En prenant comme point de départ l'école scandinave de *Women's Law*[21], qui met en cause la conception traditionnelle du droit et de ses sources classiques, mais en élargissant cette problématique dans le cadre du débat des *Critical Legal Studies,* Hanne Petersen introduit le concept de droit informel. Les sources traditionnelles du droit du travail, à savoir législation, arrêts des tribunaux et sentences arbitrales, ne donnant pas assez d'informations sur la condition des femmes, pour pallier cette insuffisance — comme si la vie des femmes se déroulait dans un vide juridique —, elle opère une distinction entre droit formel et droit informel. Les normes qui régissent la vie des femmes et les conflits nés entre travail rémunéré et travail non rémunéré sont considérées comme des règles juridiques, même si la doctrine traditionnelle ne les considère pas comme telles. Cette analyse tout à fait légitime dans le cadre de l'école danoise du *« pluralisme légal »*, inhabituelle pour une juriste

---

20 Sur l'interaction et l'interdépendance entre famille et marché, le travail payé de l'époux, et le travail non payé de l'épouse, voir aussi Christine DELPHY et Diane LEONARD, *Familial Exploitation: A New Analysis of Marriage in Contemporary Western Society,* Oxford: Polity Press (1992) ; et aussi, Francis OLSEN, « The Family and the Market : A Study of Ideology and Legal Reform», 96 *Harwad Law Review* (mai 1983) p. 1497 et suiv.

21 Voir Tove STANG DAHL, *Women's Law, An Introduction to Feminist Jurisprudence,* Oslo: Norwegian University Press (1988).

classique de formation continentale, permet de rendre visible les conséquences normatives de l'expérience propre aux femmes salariées, de déceler un ordre sexué qui se fonde sur la condition de vie des femmes et de constater, entre autres, que le droit informel ne couvre pas les besoins de toutes les femmes salariées, mais plutôt de celles qui sont relativement « puissantes » et plus stéréotypées (mère mariée et mère célibataire)[22]. Dans le « droit informel », il n'existe pas de distinction tranchée entre droit et morale ou droit et fait. Ce qui constitue son expression la plus importante est *la norme de la considération,* à savoir l'obligation informelle de prendre en considération les besoins et les obligations autres que ceux imposés par le travail payé. Cette approche permet de voir la relation entre les normes et les valeurs, la loi et l'éthique. Elle peut permettre, outre la compréhension de la condition juridique des femmes, une redéfinition du principe de l'égalité. Dans le cadre du droit du travail, cela signifie que celui-ci devrait étendre son champ de préoccupation et d'application en tenant compte des obligations familiales[23] : le concept même du travail en droit du travail doit être réélaboré en tenant compte tant des nouvelles données sexuées qui caractérisent le travail que desdites nouvelles formes de travail.

La salarisation du travail des femmes au foyer dans le cadre de l'État-providence

(ou les racines profondes et la réitération de la discrimination sexuelle)

On ne pourra pas comprendre le sexe du droit du travail si l'on ne voit pas que le sexe est un facteur décisif qui traverse et structure les différentes expressions de travail, qu'il soit salarié, non salarié ou simplement non payé. Le facteur sexe n'est ni complémentaire ni

---

22 Voir la contribution de Hanne PETERSEN, *supra,* chap. IX, p. 180-181.

23 Yota KRAVARITOU, *Unstable Employment and New Forms of Hired Labour,* European Labour Law Congress « Labour Law - Past and Future », Paris, 13-15 septembre 1989.

provisoire mais profondément enraciné dans les relations du travail et le travail salarié. Il est caractéristique que, régulièrement et inlassablement au cours de notre siècle, après une crise économique, une guerre, une hausse du chômage, on adopte des mesures et des politiques — qui souvent se traduisent par des textes juridiques et faisant même directement partie du droit du travail — encourageant les femmes à quitter leur travail, leurs études ou leur formation professionnelle pour retrouver leur nature authentique et leur vrai destin qui est le mariage, la famille, les enfants.

Cette politique consistant à décourager les femmes, à leur faire quitter leur travail ou même à le leur interdire, s'accompagnait au cours des premières décennies du siècle de la demande d'un salaire familial. Proposition rejetée par les organisations[24] ouvrières et syndicales en général, qui n'arrivent pas à comprendre l'enjeu que cela représente pour le sujet salarié féminin. Or, ce projet, qui n'est au fond qu'une sorte d'octroi des droits sociaux aux femmes pour le travail qu'elles prêtent au foyer, sera réalisé, bien que selon des modalités d'« allocations familiales »[25], dans le cadre de la sécurité sociale et de la politique de l'État social en affinant ainsi la politique législative à l'égard du corps des femmes : si elles sont d'abord vouées à la reproduction, il faut les inclure dans le système de salarisation dont elles font partie en tant que reproductrices économiquement dépendantes (« annexées » au salaire).

Je crois que la salarisation du travail spécifiquement féminin et sa reconnaissance implicite par l'État et le droit sont une chose à retenir pour l'avenir. Ce sont les conditions de dépendance et de soumission du travail des femmes à l'existence du salaire familial que

---

24 Cette proposition n'était pourtant pas refusée par toutes les organisations et tous les pays, elle correspondait souvent aux demandes des femmes en faveur de la reconnaissance de leurs droits, comme le soulignent dans leur introduction Gisela BOCK et Pat THANE (eds.), *Maternity and Gender Policies – Women and the Rise of the European Welfare States, 1880-1950,* London/New York: Routledge (1991) p. 14-15. — Voir aussi Arlette GAUTIER et J. HEINEN (sous la direction de), *Le sexe des politiques sociales,* Paris: Éditions Côté-femmes, coll. « Recherches » (1993).

25 G. BOCK et P. THANE, *Maternity and Gender Policies, supra,* note 24 et B. HEPPLE, *The Making of Labour Law in Europe, supra,* note 10, p. 150-151.

présuppose l'existence d'un homme « *winner* » et d'une femme « *carer* » qu'il faut critiquer et supprimer.

À noter que l'exaltation de la maternité et les mesures encourageant le retour au foyer des femmes — avec des récompenses économiques considérables — reviennent actuellement à l'ordre du jour.

La répartition équitable du travail salarié entre les sexes n'est nullement un vieux problème. La sexuation (équitable) des règles du droit du travail reste un travail de fond à faire.

2. *Sexuer les règles pour établir l'égalité au travail des hommes et des femmes*

Les changements introduits dans le marché du travail, les formes d'emploi, la famille et ses besoins ainsi que les mentalités et les critiques émises sont au cœur du projet inscrit dans tous les travaux émanant de pays membres et d'écoles de pensée différents. Certaines utilisent le verbe *reconstruire,* la déconstruction des canons ayant déjà démontré l'existence des règles juridiques à démolir pour restituer les règles égalitaires entre les sexes sur les lieux de travail. Mais que signifie exactement sexuer les règles du droit du travail ?[26] Cela signifie tout d'abord se rendre compte qu'il existe deux êtres sexués et que le modèle abstrait et unisexe doit cesser d'imprégner les règles. Mais la thérapie de la cécité du droit du travail à l'égard des femmes salariées — car ce sont elles, les invisibles et les oubliées — est une chose, et l'élaboration du contenu des règles nouvelles en est une autre. Il ne fait pas l'ombre d'un doute que « sexuer » les règles du droit du travail ne veut dire ni clouer les femmes salariées dans leur condition sociale actuelle — les modeler par rapport à leurs charges familiales et sociales rituelles plus lourdes

26 Voir la contribution de Katherine O'DONOVAN, *supra,* chap. VI, p. 123 et suiv.

que celles incombant à l'autre parent et au sujet masculin en général — ni, d'un autre côté, bien trancher une certaine période de leur vie — le cycle correspondant à la reproduction — et rendre identiques toutes les autres règles qui régissent leur vie avant et après. Il est encore trop tôt pour envisager ce modèle de sexuation. Celle-ci regorge de pièges et ne sera réalisée que par des réformes successives, après la *« contextualisation »* suivant le pays, le moment et les nouveaux besoins de la société. La sexualisation — toujours dans la perspective égalitaire — s'inscrit dans les grandes promesses d'un droit qui se réconcilie avec l'éthique et la justice sociale.

Dans le cadre des réglementations existantes, il y a lieu d'introduire et d'appliquer la logique de la sexuation. C'est le cas, par exemple, de la loi française du 13 juillet 1983 relative à l'égalité professionnelle [27] qui, bien qu'ayant renouvelé la problématique en évoquant l'inégalité dans la réalité sociale et le besoin d'œuvrer en faveur d'un équilibre historico-juridique, a été peu utilisée et ses effets n'étant pas, de plus, ceux recherchés par l'objectif égalitaire. En effet, le manque de sanctions, la faiblesse des syndicats et l'oscillation permanente des pouvoirs publics entre le maintien de leurs objectifs égalitaires et l'intégration de plans d'égalité professionnelle dans les politiques générales — considérées comme asexuées et dominées par l'intérêt de l'entreprise et de la gestion des ressources humaines — ont donné une moisson extrêmement maigre [28]. Pire encore : il y a le risque de faire disparaître l'objectif de l'égalité par celui de la mixité professionnelle. Or, il suffirait de s'en tenir aux dispositions de la loi — en excluant partout une certaine interprétation étroite et « masculinisée » de « rattrapage » — et de viser à la parité professionnelle en prenant en considération les différences. Outre l'utilisation des instruments juridiques classiques, il faudrait aussi rapprocher des femmes l'élaboration des règles, la mettre à leur portée — compréhension — et leur donner la possibilité d'intervenir. Sexuer, dans ce cas, serait « féminiser » la négociation collective : prévoir l'obligation de parité professionnelle et la traiter aux niveaux de négociation

27 Voir la contribution d'Annie JUNTER-LOISEAU, *supra*, chap. IV, p. 91 et suiv.

28 *Ibid.*, p. 95 -96.

décentralisée auprès des femmes — ayant certes conscience de la problématique juridique et de l'enjeu — à la condition, bien sûr, qu'elles participent elles-mêmes aux négociations collectives.

La loi italienne, n° 125 du 10 avril 1991 sur « les actions positives pour la réalisation de l'égalité entre les hommes et les femmes au travail »[29], qui s'inscrit elle-même dans la directive communautaire de 1976, n'est certainement pas significative dans la voie de cette « féminisation ». Signalons tout d'abord que dans l'esprit de cette loi, la différence est plutôt une condition de spécificité à défendre qu'une condition de désavantage à faire disparaître — cette dernière étant la conception dominante en France et dans la majorité des États membres. La loi italienne innove ainsi au niveau européen en proposant des mesures qui reconnaissent aux femmes le droit d'être différentes tout en assurant la promotion de l'égalité sur les lieux de travail[30]. Elle crée en effet un système de normes capable de construire une relation positive entre les principes de l'égalité et de la différence concernant l'emploi des hommes et des femmes. La « sexuation » se concrétise de façons diverses: par la reconnaissance, par exemple, du fait que le temps des femmes est différent du temps des hommes, qu'il faut donc prendre en considération le temps socialement sexué. Elle se réalise aussi par la « féminisation » de la négociation collective. La loi prévoit en effet la participation des femmes à tous les niveaux de négociations relatives aux conditions du travail et à la détermination de la place des femmes dans l'économie. Elle s'accomplit enfin à travers les objectifs assignés au mécanisme destiné[31] à réaliser *in concreto* les programmes d'ac-

---

29 Voir la contribution de Franca BORGOGELLI, *supra,* chap. V, p. 105 et suiv.

30 On sent, certes, dans la philosophie et les mesures concrètes proposées par la loi n°125 du 10 avril 1991, l'influence du mouvement et des théoriciennes féministes italiennes. On pense, par exemple, aux auteurs comme Adriana CAVARERO et ses travaux, tels que « Una teoria della differenza sessuale », *Diotima,* (1987) p. 43 et suiv. ; — sur la loi v. 1 1992, voir Maria-Vittoria BALLESTRERO, « Le donne cambiano i tempi: cambieranno anche il lavoro? », *Rivista del diritto del lavoro,* parte III, *Tre interventi sui progetti di riforma dei tempi di lavoro* (1990) p. 63 ; voir aussi Alisa DEL RE, in A. GAUTIER et J. HEINEN (sous la direction de) *supra,* note 24.

31 Sur la disposition qui permet à un organe public — « les conseilleurs régionaux de l'égalité » — d'intervenir, voir F. BORGOGELLI, *supra,* p. 115-116.

tion positive. Bref, plus que toute autre législation nationale, la loi italienne fait des salariées les protagonistes actives qui, tout en défendant leurs propres intérêts sexués, peuvent contribuer à l'amélioration des conditions du travail de leurs collègues appartenant au sexe masculin. La loi n° 125 du 10 avril 1991 à ce jour n'est pas appliquée, mais une évolution favorable est à noter. Or, les salariées expriment déjà sur les lieux de travail et impriment sur les règles du travail leurs propres droits différents au nom de l'égalité. Ainsi, les femmes salariées d'une entreprise, au nom du rapport différent qu'elles ont avec le temps de vie et le temps de travail et de leur façon différente de vivre, n'ont pas accepté les résultats d'un référendum en faveur du travail de nuit, bien que celui-ci ait obtenu la majorité absolue des votes des hommes. Dans un autre cas, elles ont refusé une certaine analyse médicale imposée à tout le personnel pour des raisons de prévention sanitaire, en avançant l'argument que ce type d'analyse pouvait révéler une éventuelle grossesse[32].

Sexuer le droit du travail sans craindre ni l'essentialisme ni le cyborg

La proposition de sexuer le droit du travail en tenant compte du monde symbolique, du langage, des valeurs et de l'organisation de vie des femmes peut, éventuellement, provoquer les critiques suivantes: que cela aurait comme conséquence le renforcement de la dichotomie entre hommes et femmes, que la sexuation serait une idée basée sur l'essentialisme, que cette sexuation éloignerait de l'égalité, l'objectif recherché. Rien, à notre avis, ne serait plus faux. *Primo,* parce que c'est le droit du travail lui-même qui, paradoxalement, favorise le dépassement des dichotomies simplistes déterminées par le sexe des travailleurs. *Secondo,* parce qu'il n'est pas possible que le droit permette l'accès d'un individu au *status* de

32 Cela n'empêche qu'il existe dans certaines entreprises des pratiques illégales suivant lesquelles les femmes sont embauchées à la condition — elles signent même parfois cette forme de « déclaration » — qu'elles ne seront pas enceintes. Le cas échéant, ces femmes se font avorter pour ne pas perdre leur travail.

l'égalité et consolide ce *status,* en méconnaissant des éléments fondamentaux de son *identité.* De même que c'est le fait d'appartenir à une catégorie sociale, telle que les femmes, les esclaves ou les noirs, pendant longtemps discriminés, qui caractérise leur comportement et leur façon d'être.

Le droit du travail peut aider en effet au dépassement d'une approche binaire simpliste qui conduirait à l'essentialisme, malgré la sexuation que ses règles proposent, ne serait-ce que pour les raisons suivantes : tout d'abord parce que le droit du travail, depuis ses tendres débuts, a bien fait apparaître l'existence de *différentes classes sociales,* étant lui-même à cette époque le droit de la classe ouvrière. Il est toujours, dans une certaine mesure, le droit de la classe laborieuse, bien qu'il ait entre-temps subi des métamorphoses — comme cette classe qui l'a fait naître —, qu'il soit étendu à d'autres couches sociales plus aisées et qu'il ne cesse de se diversifier. Et puis, depuis bien longtemps en Europe, le droit du travail s'occupe des *travailleurs immigrés,* des étrangers. Il a dû ainsi prendre acte d'une autre différence, qui serait plutôt une matrice des différences, et l'inscrire — suivant sa propre façon évolutive — dans les règles et les relations du travail. L'émigration, matrice des différences pour le droit du travail, parce qu'elle est en relation avec la *« race »,* l'*éthnicité,* la *religion* et la *culture* des travailleurs[33]. Il s'agit d'une série de différences et de paramètres qui avec certains autres — tels que l'âge ou la préférence sexuelle — forment, nous le savons bien maintenant, l'identité propre de la *subjectivité* du salarié et de la salariée, des hommes et des femmes au travail. La sexuation ne serait que la reconnaissance d'un élément de la subjectivité et de l'identité d'un grand nombre des salarié(e)s.

C'est bien la « lenteur » des règles juridiques par rapport à l'évolution des relations entre les deux sexes, mais aussi le *quid* des

---

33 Il peut ainsi accueillir la pluralité des différences avec un affinement de ces règles *ad hoc*; — voir les articles de Joan SCOTT, utiles dans cette perspective, bien qu'ils ne soient pas juridiques, « Deconstructing Equality Versus Difference », *Feminist Studies,* n° 14/1 (1988) et le chapitre « Gender: A Useful Categorie of Historical Analysis », même, *Gender and the Politics of History,* New York: Columbia University Press (1998) p. 28 et suiv.

enfants et la prise en considération de ce que les Italiennes appellent « ordre symbolique féminin », qui conduisent à considérer, dans la sexuation des règles juridiques, le *sujet collectif* femmes, l'ensemble des femmes salariées et non pas l'individu « travailleur ». Les théories juridiques qui s'inscrivent dans le courant postmoderne/ poststructuraliste — ne sont pas d'accord sur l'existence du sujet collectif[34]. Il y a tellement de différences entre femmes qu'il ne peut en exister de représentation unique, et un sujet collectif. D'ailleurs, « la femme » ou « l'homme », « le salarié » ou « la salariée » sont socialement construits : que peut-il rester après leur déconstruction ? Ou encore : ne faut-il pas les déconstruire pour leur rendre toute leur liberté ?

La quête de la liberté est un rêve humain que le droit ne peut ignorer. Ce rêve d'une nouvelle et immense liberté est très présent, il est plutôt le canevas sur lequel se tisse le discours (la narration) juridique des femmes américaines, noires dans leur majorité, qui s'occupent de la *feminist jurisprudence*[35]. Leurs critiques et travaux s'inscrivent d'ailleurs dans le courant philosophique du féminisme postmoderne. D'après une représentante de ce courant, notre époque est caractérisée par une technologie extrêmement avancée[36] qui crée un mode nouveau et même *postgender*[37]. Dans ce nouveau monde, l'« autre » n'est plus la femme, du fait que le concept même de l'humanité a changé. Au centre de la problématique de la différence se trouve actuellement la relation de l'être humain et la technologie de l'anthropoïde du *« cyborg »* — plutôt que celle, éternelle, de l'ordre métaphysique entre l'homme et la femme.

---

34 Je pense, à titre d'exemple, aux travaux de *Drucilla Cornel*, fort influencée par *Derrida* (déconstruction) et la psychanalyse lacanienne.

35 On peut citer, par exemple, *Angela Harris* comme l'une des représentantes de couleur des théoriciennes féministes du droit, qui critiquent vivement les théories féministes des années soixante-dix dans lesquelles elles ne se retrouvent pas, car on y trouve seulement le profil de la femmes blanche de classe moyenne. — Voir aussi E. SHOWALTER, *The New Feminist Criticism*, New York: Pantheon Books(1985).

36 Voir Donna J. HARAWAY, « Gender for a Marxist Dictionary: The Sexual Policy and Words », in ID. (ed.), *Simions, Cyborgs and Women*, New York/London: Routledge (1990) p. 127 et suiv.

37 *Ibid.*, p. 35.

À l'intérieur de l'ordre juridique ces transformations profondes de la relation entre les deux sexes — que certains situent déjà au siècle passé — à savoir que le problème de l'égalité entre les hommes et les femmes a trouvé sa solution au cours du dix-neuvième siècle — *ne sont pas encore inscrites,* ne sont pas consolidées en son intérieur. L'État et le droit, et sa discipline qui capte notre intérêt, le droit du travail, continuent à exercer par leurs règles une politique *in globo* différente, inégale à l'égard des corps sexués des hommes et des femmes et toujours au détriment de ces dernières. Il y a certes des fissures, des brèches et des changements, mais bien tendres, bien insuffisants. C'est la raison pour laquelle nous avons invoqué la *lenteur* du droit quant aux rapports sociaux des sexes. Il y a aussi la question majeure de la *reproduction* du genre humain que les théories postmodernes, en se concentrant trop sur l'individu, oublient. La déstructuration a certaines limites : elle dépasse bien les catégories traditionnelles des hommes et des femmes mais s'arrête devant les « enfants ». On ne peut traiter de cette question ici, mais on peut dire que la « déstructuration » — la critique profonde — du droit du travail vise justement à ce que ses règles soient recentrées par rapport aux corps des hommes et des femmes salariées en reconnaissant, *primo,* leur hétérogénéité et en faisant, *secondo,* des enfants *(caring)* une affaire commune. Plus que cela : en considérant la reproduction une affaire qui, loin d'être privée, (et cela n'a rien à voir avec la décision absolument personnelle d'avoir ou de ne pas avoir d'enfant) concerne directement la société ainsi que l'expression et l'organisation de ses institutions étatiques et juridiques.

Certes, il faut élaborer concepts et notions et trouver les mots qui donneront au principe de l'égalité en droit du travail un contenu tel qu'il libérera les salariées de la représentation de la femme imposée par la société patriarcale, — phallologocentrique, diraient certains — reflétée aussi dans la réglementation des relations du travail. Or, cette redéfinition du sujet femme salariée, tout en s'inspirant d'un pluralisme radical, ne devrait pas ne pas prendre en considération l'« ordre symbolique féminin » : cet ordre se réfère simplement à des pratiques et valeurs, fort liées d'ailleurs à la « vie » et nullement à une essence éternelle féminine. Si l'intelligence artificielle et, notamment dans certains secteurs de la production, l'utilisation de la *high tech* contribuent déjà à l'énorme transformation que subit ces temps-ci le droit du travail — surtout quant à ses fonctions générales, sa relation avec la classe ouvrière et les syndicats — il ne faudrait pas croire que la sexualisation proposée du droit du travail serait liée à l'essentialisme : c'est juste le contraire. *Elle est liée à la « dessentialisation », à la « dénaturalisation » des règles du travail par rapport aux femmes* — qui pourtant se distinguent des hommes —, lesquelles femmes semblent, pour le moment tout au moins, être plus menacées par le principe de l'égalité, à cause du sexisme et de l'androcentrisme de celui-ci, que par le *cyborg*[38].

38 Tout au moins dans le continent européen, encore mal remis de l'effondrement des régimes des pays de l'Europe de l'Est — et de mouvements nationalistes — qui dans leurs premières décennies avaient fort contribué au developpement du droit du travail par leur propre réglementation, ou indirectement, au sein du Bureau International du Travail dans une Europe aussi frustrée par la disparition de projets contenant des notions telle que l'autogestion. Un débat sur l'impact du « cyborg » sur les salariés et sur les règles le concernant paraît plutôt prématuré ; laissons ce terrain de réflexion et de spéculation de la pensée aux juristes d'outre-Atlantique.

Bio-bibliographies

Franca Borgogelli

Born in 1951, she graduated in Political Sciences in 1975 and in Law in 1982 at the University of Milan. Her field of expertise is Labour Law, with special reference to collective bargaining and equal opportunity law.

She is currently assistant professor of Labour Law at the University of Siena and professor of Labour Law at the *Scuola di Specializzazione per la Formazione di Funzionari e Dirigenti Pubblici* at the University of Siena. She is a member of several associations: AIDLASS *(Associazione Italiana di Diritto del Lavoro e Sicurezza Sociale);* Italian section of the *Société Internationale de Droit du Travail et de la Sécurité Sociale;* AISRI *(Associazione Italiana Studio di Relazioni Industriali)* associated with the International Industrial Relations Association; *Centro Nazionale di Studi di Diritto del Lavoro 'Domenico Napolitano'.* She is also a legal advisor for the trade-union CGIL *(Confederazione Generale Italiana del Lavoro)* and a member of the editorial board of the review *Lavoro e Diritto.*

Relevant publications

"La tutela delle lavoratrici madri nella disciplina vigente: problemi generali", *Annali della Facoltà di Scienze Politiche della Università di Milano,* Milano: Marzorati (1982) p. 129 *et seq.*

"Il part-time tra legge e contrattazione: una prima verifica delle soluzioni contrattuali", *Rivista giuridica del lavoro* (1986, I) p. 133 *et seq.*

Il lavoro femminile tra legge e contrattazione, Milano: F. Angeli (1987).

"Il lavoro femminile nel contesto italiano: tra panorama giuridico-istituzionale e azione contrattuale", *Prospettiva sindacale,* No. 72 (1989) p. 71 *et seq.*

"Contrattazione collettiva e parità di trattamento uomo-donna: Aspetti attuali e prospettive di un rapporto difficile", *Quaderni di diritto del lavoro e delle relazioni industriali,* No. 7, Torino: Utet (1991) p. 161 *et seq.*

"Aktuelle Rechtsfragen der Frauenarbeit in Italien", *Das Recht der Arbeit,* No. 6 (1991) p. 489 *et seq.*

"Autonomia collettiva e parità uomo-donna: una lettura della legge n° 125/1991", *Lavoro e diritto* (1992) p. 139 *et seq.*

"La tipologia delle azioni positive", in L. Gaeta and L. Zoppoli (a cura di), *Il diritto diseguale: la legge sulle azioni positive,* Torino: Giappichelli (1992) p. 80 *et seq.*

"I consiglieri di parità", in *Azioni positive per la realizzazione della parità uomo-donna,* commentario sistematico a cura di Treu e Ballestrero, *Le nuove leggi civili commentate* (1994) p. 143 *et seq.*

"Diritto di sciopero", in A. Baylos, B. Caruso, M. D'Antona e S. Sciarra (a cura di), *Dizionario di diritto del lavoro comunitario,* Bologna: Monduzzi Editore (1995).

Rikki Holtmaat

Born in 1952, Rikki Holtmaat studied Law in Utrecht and graduated *(cum laude)* in May 1983. Since then, she has worked as a research assistant (1983-1985) at the Dutch Emancipation Council (official advisory board for the Government) and as assistant professor of Law

(1985 - now) at Leiden University. She was awarded her Ph.D. in September 1992 for a thesis concerning the gendered nature of the social security system.

She works in the field of women's studies and law, mainly on the subjects of social security and labour law. She has published on subjects like flexible labour relations, the concept of an employee in Dutch labour law, the individualization of social security claims, the equal treatment of married and unmarried couples in social security, the principles underlying the Social Assistance Act in Holland and the legal status of social assistance claimants, and parental leave.

Relevant publications

"The Power of Legal Concepts; the Development of a Feminist Theory of Law", *International Journal of the Sociology of Law,* No. 5 (December 1989) p. 481-502.

"Het recht op bijstand; een beschouwing over uitgangsounten, beginselen en rechtskarakter van bijstand", Zwolle: W.E.J. Tjeenk Willink (1992) p. 1-210.

Met zorg een recht? Een analyse van het politiek juridisch vertoog over bijstandsrecht, Ph.D., with a summary in English: *To Care for a Right; the Analysis of the Political-Legal Discourse on Social Assistance,* Zwolle: W.E.J. Tjeenk Willing (1992).

"Rapport individualisering van sociale zekerheid, mogelijkheden en onmogelijkheden", Brussels: Université des Femmes (December 1992) p. 1-51, translated into French [Recherche sur l'individualisation des droits en sécurité sociale], Brussels: Université des Femmes (1993) p. 64-95.

"Between Non-Responsibility and Care; New Rights for Women?", paper for the Conference on Critical Legal Studies, Oxford, September 1993.

"Bijstandsvrouwen. De diskursieve produktie van een nieuw type vrouw in het bijstandsrecht", paper for the Conference on Women's' Studies, Amsterdam, November 1993, *Recht en Kritiek* (1994) p. 248-270.

The Distribution of Work-free-time on the Basis of Merits - A Controversy between Needs and Rights, paper for the conference "Reflexion on the Concepts of 'Time' and 'Work' in a Gender Perspective", Florence, European Forum on "Gender and the Use of Time", 23-24 September 1994, Florence: European Forum of the European University Institute (September 1994) [facsimile].

The ECJ in Helmig: *a Case in which Part-time Workers Lost their Rights to Equal Pay,* paper for the Conference "La Réglementation du temps de travail dans l'Union européenne", Florence, European Forum on "Gender and the Use of Time", 27-29 April 1995, Florence: European Forum of the European University Institute (April 1995) [facsimile].

Objective Legal Rights and Subjective Needs – On the Construction of New Rights, paper for the Seminar of the European Forum on "Gender and the Use of Time", 4 May 1995, Florence: European Forum of the European University Institute (May 1995) [facsimile].

Annie Junter-Loiseau

Née en 1952, Annie Junter-Loiseau a obtenu son doctorat d'État en droit privé en 1981 avec une thèse sur « La condition juridique de la femme au travail » (mention très honorable).

Depuis 1985, elle est maître de conférences, chargée d'études féministes et sur les femmes à l'université de Rennes 2-Haute-Bretagne. Elle est aussi directrice de l'Institut des sciences sociales du travail de l'Ouest (ISST) et présidente du CERAF. Elle a assuré la direction scientifique du rapport français pour l'étude du CEDEFOP sur l'évaluation des programmes de formation professionnelle des femmes en entreprise publié en juin 1990.

Elle a publié de nombreux livres, articles et études, en particulier sur le thème de l'égalité professionnelle.

Publications

Avec G. Doniol-Shaw, V. Genestet, A. Gouzien, A. Lerolle, *Les plans d'égalité professionnelle – Étude-Bilan 1983-1988,* Paris: Documentation française, coll. « Droits des femmes » (1989).

Orientation des filles et égalité professionnelle : former pour innover (sous la direction de), CNDP, coll. « Ressources formation » (1992).

« L'égalité professionnelle hors la loi », *Revue Travail,* n° 22 (1991).

« Le travail de nuit des femmes », *Liaisons sociales,* n° 65 (janvier 1992).

« L'emploi des femmes, une affaire de société », *La Lettre du Centre d'Information des Femmes,* n° 1 (juin 1992).

Avec G. Doniol-Shaw, « Le travail des ouvrières en horaires décalés : questions sur les temps de travail des femmes », *Revue Santé-Travail* (juin 1992).

Être femme et cadre à la ville de Rennes, Rennes: CERAF (septembre 1992).

Se former à l'égalité des cnances entre les filles et les garçons, (responsable scientifique), TENET [Teacher Education Network], Académie de Rennes, Commission des Communautés européennes et ATEE [Association pour la formation des enseignants en Europe] (septembre 1990).

Yota Kravaritou

Yota Kravaritou est actuellement professeur à l'Institut universitaire européen de Florence et s'occupe des questions féminines et du droit du travail. Elle y a mené, au cours de l'année académique 1992-1993, un séminaire sur la "Construction sociale des rapports de sexe" qui portait sur les approches féministes du droit en Europe et aux États-Unis. Elle a aussi été co-directrice du Forum Européen « *Gender* et emploi du temps – *Gender and the Use of Time* » dont les activités de recherche se sont déroulées pendant l'année académique 1994-95.

Diplômée de la faculté de droit de l'université de Salonique (1967), elle a fait des études post-graduées au Centre Européen Universitaire de Nancy (1968), où elle a présenté un mémoire sur « L'article 119 du Traité de Rome et l'égalité de traitement entre hommes et femmes », puis ensuite à Strasbourg (1969), à Exeter (1970) et à Bruxelles.

Elle a travaillé à l'Institut d'Études Européennes de l'Université Libre de Bruxelles de 1969 à 1977 et à la faculté de droit de Thessalonique de 1967 à 1991. Son enseignement portait surtout sur le droit du travail et les relations du travail, mais elle s'est toujours occupée de questions concernant les femmes, notamment dans le cadre du « Groupe d'études féministes » de l'université de Salonique qui compte dix ans d'activité.

Ses publications portent sur une soixantaine d'articles et d'études en français, grec et anglais sur des thèmes concernant de droit social européen, le droit du travail grec et comparé et l'égalité entre hommes et femmes.

Publications

– Rapports de recherche

L'emploi des femmes en Grèce, Commission CEE (1982).

L'emploi des femmes en Espagne, Grèce et au Portugal, Commission CEE (1983).

Égalité des chances et formation professionnelle en Grèce, CEDEFOP (1982).

Égalité des chances et formation professionnelle en Espagne, en Grèce et au Portugal, CEDEFOP (1983).

– Livres publiés récemment

La réglementation juridique des conditions du travail, Salonique: Sakkoulas, (1991).

Travail et les droits des femmes, Salonique: Sakkoulas, (1992).

European Employment and Industrial Relations Glossary: Greece, London: Sweet and Maxwell (1994).

Sex and Law, Athènes: Papazissis (1995).

Katherine O'Donovan

Citizen of the Irish Republic, professor Katherine O'Donovan, BCL, LL.M. and Ph.D., was educated at the National University of Ireland, at the University of Strasbourg and at the Harvard Law School.

She was university teacher of Law in Belfast, Addis Ababa, Sussex, Kent, Kuala Lampur and Hong-Kong. In 1991-1992 she spent one year at the European University Institute in Florence, as a Jean Monnet Fellow. She is currently professor of Law at the University of London.

Relevant publications

Sexual Divisions in Law, London: Weindenfeld and Nicholson (1985).

With E. Szyszczak, *Equality and Sex Discrimination Law,* Oxford: Blackwell (1988).

Family Law Matters (1993).

Hanne Petersen

Born in 1951, she studied Law and Sociology at the University of Copenhagen, spending one semester (1976-1977) at the University of Bremen. She graduated in Law at the University of Copenhagen in 1978, was appointed attorney in Copenhagen in 1979, and in 1983 returned to the University as a researcher.

In 1988 she made a study-tour concerning the impact of anti-discrimination law, especially in the field of equal pay for work of equal value and sexual harassment to the United States. On that occasion she visited several universities and organizations including the Institute for Women and Work and the Institute for Research on Women and Gender.

Since 1989 she has been associate professor of Labour Law at the University of Copenhagen. She received her LLD in 1991 for a dissertation concerning "Informal Law in Women's Workplace. A Theoretical and Empirical Analysis". From 1993-1994 she was Jean Monnet Fellow at the European University Institute in Florence. From September 1995 she is professor of Law and Legal Sociology at Ilisimatusarfik, Universityt of Greenland, Nuuk.

Relevant publications

"Perspectives of Women on Work and Law", *International Journal of the Sociology of Law,* No. 17 (1989) p. 327-346.

"Feminist Reflections on the Concepts of Law and Labour", Lecture held at NORAD-Diploma Course (Sept. 1989) *Studier,* No. 34, Retsvidenskabeligt Institut B, Oslo (1989).

"Analyse juridique : Danemark", in AVFT [Association Against Violence towards Women at Work] (ed.), *De l'abus de pouvoir sexuel. Le harcèlement sexuel au travail* (1990) p. 135-139.

"Labour Law - in the Past and in the Future", in P. Blume *et als.* (eds.), *Suum cuique,* Copenhagen: Juristjursundets forlag.

"On Women and Legal Concepts. Informal Law and the Norm of Consideration", *Social and Legal Studies,* Vol. 1, No. 4 (1992).

With Henrik Zahle, *Legal Polycentricity Consequences of Pluralism in Law,* (eds.), Darmouth (1995).

Kvindelig Arbejdsret [Feminine Labour Law] (ed.), GAD/JURA, Copenhagen (1995).

Kirsten Scheiwe

Born in 1956, Kirsten Scheiwe is a German lawyer with a Law degree from Munich University and an M.A. in Philosophy. From 1986 to 1991 she was a researcher at the European University Institute in Florence and received the Ph.D. of the Law Department in 1991.

In 1990 she completed a report for the Equal Opportunities Unit of the EC Commission, DG V, on the implementation of the second action programme 1986-1990. She is currently a research fellow in the Social Sciences Department of the University of Mannheim and works on legal models of child custody and support and their impact upon gender.

Relevant publications

Equal Opportunities for Women, report on the Implementation by the EC-Member States of the EC-Commission's Medium-Term Action Programme 1986-1990, Brussels: EC Commission, DG V (V/564/1/90/DE) [1990].

"Costs and Benefits of Housework, Winners and Losers", in R. de Lange and K. Raes (eds), *Plural Legalities, Critical Legal Studies in Europe, Recht en Kritiek,* special issue 1991, Nijmegen: Ars Aequi Libri (1991) p. 283-297.

Male Times and Female Times in the Law. Normative Models of Time in Labour Law, Social Security Law and Family Law, and their Impact on the Gendered Division of Labour, EUI Ph. D., Florence (1991). German version: *Männerzeiten und Frauenzeiten im Recht,* Berlin: Duncker and Humblot (1993).

"EC Law's Unequal Treatment of the Family: The Case Law of the European Court of Justice on Rules Prohibiting Discrimination on Grounds of Sex and Nationality", *Social and Legal Studies,* Vol. 3 (1994) p. 243-265.

"Labour Market, Welfare State and Family Institutions: the Links to Mothers' Poverty Risks. A Comparison between Belgium, Germany and the United Kingdom", *Journal of European Social Policy,* Vol. 4, No. 3 (1994), p. 201-224.

Éliane Vogel-Polsky

Éliane Vogel-Polsky est docteur en droit de l'Université Libre de Bruxelles (1950) et licenciée en sociologie du travail (1960), en droit social (1962) et en études européennes (1965).

Elle enseigne et dirige des recherches dans les domaines du droit du travail et de la sécurité sociale, du droit social international, du droit social européen, du droit comparé du travail, de la politique sociale européenne, de la sociologie du droit social et des études féministes. Elle est professeur de l'Université Libre de Bruxelles, promotrice du groupe d'études et de recherche « Femmes et Société » à l'Institut de sociologie de l'Université Libre de Bruxelles. Elle est expert consultant auprès du Conseil de l'Europe, des Communautés européennes et de l'Organisation internationale du travail. Elle est l'auteure de nombreux rapports pour ces institutions.

Elle est également l'auteure de très nombreux livres et articles sur les femmes, sur le droit du travail en Europe et sur les politiques sociales européennes dans une optique féministe.

Publications

A. - Livres et rapports de recherche

Les conditions de travail des femmes salariées en Belgique, Bruxelles: Commission des Communautés européennes, Direction générale des Affaires sociales (1972).

Les conditions de travail des femmes salariées dans six pays des Communautés européennes, publié en cinq langues, Bruxelles: Commission des Communautés européennes (1972).

Les régimes de sécurité sociale des femmes non employées, Strasbourg: Conseil de l'Europe, EXP (SS) 73.12 (1973).

Étude des programmes d'action positive en tant que stratégies destinées à intégrer les travailleurs féminins et d'autres groupes minorisés dans le marché du travail, Bruxelles: Commission des Communautés européennes, V/80/83 CEE (1982).

« Les besoins sociaux nouveaux. Analyse à partir de la situation des groupes cibles. Le cas des femmes », in J. Vandamme (sous la direction de), *Pour une nouvelle politique sociale en Europe,* Paris: Economica (1984) p. 55-68.

« L'emploi des femmes et les actions positives; stratégies et mécanismes de l'action positive », *Cahiers de la Commission du Tra-*

vail des Femmes, n° 7, Bruxelles: Ministère de l'Emploi et du Travail (1984) p. 11-37.

« Égalité de rémunération et de traitement entre hommes et femmes, les procédures de recours en matière d'atteinte à l'égalité de rémunération et de traitement », *Cahiers de la Commission du Travail des Femmes,* n° 8, Bruxelles: Ministère de l'Emploi et du Travail (1986) p. 11-34.

Les actions positives et les contraintes constitutionnelles et législatives qui pèsent sur leur mise en œuvre dans les États membres du Conseil de l'Europe, Strasbourg: Conseil de l'Europe (1989).

Avec J. Vogel, *L'Europe sociale 1993 : illusion, alibi ou réalité ?,* Bruxelles: Éditions de l'Université Libre de Bruxelles, coll. « Études européennes » (1991).

Critique de la théorie légale de l'égalité entre les sexes, recherche menée pour le ministre chargée de l'Égalité des chances (décembre 1993) [ronéotypé].

Les mécanismes nationaux institutionnels mis en place dans les États membres du Conseil de l'Europe, 1984-1994, étude comparative, Strasbourg: Conseil de l'Europe (1994).

Les femmes et la citoyenneté européenne, recherche réalisée pour la Commission de l'Union européenne, Bruxelles (1994).

« La citoyenneté européenne et les femmes. Une relecture féministe », in M. Verwilghen (sous la direction de), *L'avenir de la politique sociale européenne,* Louvain-la-Neuve: Presses Universitaires de Louvain. U.C.L. (1994) p. 287-301.

B – Articles publiés dans des revues

« La promotion des femmes dans le monde du travail. Vue prospective », *Revue internationale du travail,* vol. 112, n° 1 (juillet 1975) p. 30-50.

« Les programmes d'action positive en faveur des femmes », *Revue internationale du travail,* vol. 124, n° 3 et n° 4 (1985), « 1. Analyse théorique », p. 267-279, et « La pratique », p. 413-429.

« Fécondité et limites de la recherche féministe », journée d'étude organisée par le Point d'Appui Women's Studies, 20 février 1992, présentation de la thématique, Bruxelles: Point d'Appui, Université Libre de Bruxelles (1992).

« De l'égalité vers la parité : vers un nouveau contrat social », actes du colloque de Ferrette sur « Femmes et Hommes. Identités, Égalités, Échanges », Mulhouse, 9-10 octobre 1993 (1994).

« Les impasses de l'égalité ou pourquoi les outils juridiques visant à l'égalité des femmes et des hommes doivent être repensés en termes de parité », *Parité-Infos* (lettre d'information sur le mouvement pour la parité hommes-femmes dans la vie publique), hors série, n° 1 (mai 1994).

Klaartje Wentholt

Born in 1958, Klaartje Wentholt studied Law in Groningen and graduated in February 1983. Since 1983 she works at the Faculty of Law at the University of Groningen.

She got her Ph. D. in April 1990 on a thesis concerning the legal status of employees with family-responsabilities in view of the principle of equality.

Other publications concern subjects as night work, labour protection and equal treatment, the position of the pregnant applicant under the Equal Treatment Directive (the *Dekker-VJV* case).

Recently she wrote a book concerning the Dutch Equal Treatment Act.

Relevant publications

"Nachtarbeid voor mannen en vrouwen: gelijke behandeling?", *Sociaal Maandblad Arbeid,* jrg. 40 (1985) p. 191.

"Arbeidsparticipatie van vrouwen met gezinsverantwoordelijkheid", *Sociaal Maandblad Arbeid,* jrg. 42 (1987) p. 408.

Arbeid en Zorg. Een verkenning vanuit het gelijkheidsbeginsel van de rechtspoisitie van werknemers met gezinsverantwoordelijkheid, (dissertatie) Amsterdam: Thesis Publishers (1990).

"Emancipatiebeleid dringt niet door in de nieuwe arbeidstijdenwet", *Sociaal Maandblad Arbeid* (1990) p. 444.

"Die nieuwe Commissie gelijke behandeling. Een analyse van de oordelen", *Nemesis* (1991) p. 19.

"De rechtsbescherming van de zwangere sollicitante na Dekker-VJV", *Sociaal Maandblad Arbeid* (1992) p. 340.

"Gelijke behandeling gelijk behandeld? Analyse van de jurisprudentie van de CGB en de rechter", *Nemesis* (1993) p. 158.

"Commissie's wil is wet?", in T. Van Vleuten (ed.), *In concreto. Bijdragen over rechtsvorming gelijke behandeling,* Ministerie van Sociale Zaken en Werkelegenheid (1994) p. 203.

(mede-auteur: I. P. Asscher-Vonk), *Wet gelijke behandeling van mannen en vrouwen,* Deventer: Kluwer (1994)

Dossier gelijke behandeling, Alphen aan den Rijn: Samson bedrijfsinformatie (1994).